C.H.BECK WISSEN

Die Prinzipien von Yin und Yang, Konfuzius' Tugendlehre oder Laozis Lehre vom Nicht-Handeln sind auch im Westen ein Begriff, und doch mit der Aura des Rätselhaften umgeben. Handelt es sich um individuelle Glückslehren? Sind es Anleitungen für den guten Herrscher? Und wie lässt sich chinesische Philosophie in Begriffen der abendländischen Tradition erklären? Hans van Ess bietet mit seinem Buch einen Schlüssel zum Verständnis der chinesischen Denktradition und ihrer Voraussetzungen. Er erzählt die Geschichte der chinesischen Philosophie von Konfuzius über Laozi und die buddhistischen Spielarten des chinesischen Denkens bis hin zum modernen Neokonfuzianismus und macht verständlich, warum die traditionelle Philosophie in China bis heute einen so hohen Stellenwert hat, dass sie selbst noch bei Mao und im chinesischen Marxismus zu erkennen ist.

Hans van Ess ist Professor für Sinologie, Vizepräsident der Ludwig-Maximilians-Universität München sowie Präsident der Max Weber Stiftung. Bei C.H.Beck erschienen von ihm außerdem «Die 101 wichtigsten Fragen. China» (3. Aufl. 2020) sowie in C.H.Beck Wissen «Der Konfuzianismus» (2. Aufl. 2009) und «Der Daoismus» (2011).

Hans van Ess

CHINESISCHE PHILOSOPHIE

Von Konfuzius bis zur Gegenwart

C.H.Beck

Mit einer Karte

Originalausgabe

www.chbeck.de
Satz: C.H.Beck.Media.Solutions, Nördlingen
Druck und Bindung: Druckerei C.H.Beck, Nördlingen
Reihengestaltung Umschlag: Uwe Göbel (Original 1995, mit Logo), Marion Blomeyer (Überarbeitung 2018)
Umschlagabbildung: Aus dem Fels gemeißelte Skulptur des Laozi in Quanzhou, China, aus der Zeit der Sung-Dynastie (650–1279).

Printed in Germany
ISBN 978 3406 76415 8

myclimate

klimaneutral produziert
www.chbeck.de/nachhaltig

Inhalt

1. Auf der Suche nach den Anfängen

Philosophie, landläufig mit «Liebe zur Weisheit», besser vielleicht als «Hang zur Weisheit» übersetzt, ist ein griechischer Begriff. Ein Äquivalent dafür gibt es im klassischen Chinesischen nicht. Das moderne Wort für Philosophie ist erst über den Umweg des Japanischen ins heutige Chinesische gelangt, und als sich die Japaner, welche die Notwendigkeit zur Modernisierung früher erkannt hatten als die Chinesen, zu Ende des neunzehnten Jahrhunderts auf die Suche nach einem Wort machten, mit dem sie die griechische «Philosophie» in das ostasiatische Denken übertragen könnten, wählten sie für die Weisheit mit *zhe* 哲, sino-japanische Lesung *tetsu*, ein altes, aber in der chinesischen Tradition kaum gebrauchtes Wort für «Weisheit», wohl um den Unterschied zwischen der Philosophie im Westen und derjenigen im Osten zu wahren. An *zhe* bzw. *tetsu* hängten sie das traditionell Chinesische *xue*, japanisch *gaku*, «lernen», an, denn eine Kombination mit einem Wort für «Liebe», «Freundschaft» oder «Hang» wäre im ostasiatischen Denken damals gänzlich unmöglich gewesen – und ist es wohl heute noch. *Tetsugaku* bzw. *zhexue* ist also «das Lernen der Weisheit», ein Gedanke, der dem Chinesischen fremd gewesen wäre, obwohl es die Idee, dass Weisheit zentral und wichtig ist, natürlich auch in China schon sehr früh gab. In der Tat spielt der «Weise» in allen Formen des chinesischen Denkens eine zentrale Rolle, allerdings eine andere als in Europa. Das Wissen und das Erkennen nämlich sind dort nur Teilbereiche der Weisheit, die sich ansonsten darin zeigt, dass der Weise in der Lage ist, die Beziehungen zu den Menschen und zwischen ihnen gut zu gestalten.

Oft heißt es, dass ein zentrales Motiv für die Entstehung der europäischen Philosophie die Suche nach Wahrheit gewesen sei, das Verständnis dessen, wie die Welt in ihrem Innersten wirklich ist. Daraus habe sich die abendländische Metaphysik und vor allem die Ontologie in systematischer Form entwickelt. Ein echtes Äquivalent dazu hat es in China ursprünglich nicht gegeben. Dort ist der zentrale Begriff in allen philosophischen Schulen das *Dao*, der rechte Weg oder aber die Methode, wie man etwas richtig macht. Von der Praxis abstrahiertes Denken spielt zunächst nur eine untergeordnete Rolle, auch wenn manche Darstellungen der chinesischen Philosophie an deren Anfang den dichotomischen Gedanken von *yin* und *yang* setzen, wie er im wahrscheinlich ältesten Buch Chinas, dem *Buch der Wandlungen* (*Yijing*), in Gestalt der gebrochenen und der ungebrochenen Linien zum Ausdruck kommt. Aus ihnen sind die 64 Hexagramme zusammengesetzt, deren Linienbeschreibungen den frühesten Teil dieses Textes ausmachen. Sie stehen für den Gegensatz von Stärke und Schwäche, der später an der Entwicklung der Philosophie des Daoismus maßgeblichen Anteil hatte. Allerdings entwickelte sich die Terminologie von *yin* und *yang* bei genauer Betrachtung der uns überlieferten Texte erst frühestens im ausgehenden vierten Jahrhundert vor der westlichen Zeitrechnung, also eher später als andere Denkströmungen, sodass es schwerfällt, schon in der bloßen Verwendung von symbolischen Darstellungen Philosophie zu entdecken. Die Sprüche des *Yijing* selbst dienen der Weissagung und sind ebenfalls nicht philosophisch zu nennen. Breiteren Raum wird daher im Zusammenhang mit diesem Text erst die Darstellung des wohl Han-zeitlichen Hauptkommentars einnehmen.

Ein klassischer Ort des Philosophierens war im alten Griechenland die Agora, auf der sich Männer zum öffentlichen Gespräch treffen konnten. Für China wird dagegen gerne angenommen, dass das Denken sich nicht dialogisch entfaltete und es eine Öffentlichkeit im westlichen Sinne gar nicht gegeben habe. Vielmehr seien Texte immer «von unten nach oben» geschrieben worden: Fahrende Gelehrte versuchten seit spätestens dem fünften oder sechsten Jahrhundert vor unserer Zeitrechnung, vor allem aber seit der Blütezeit der sogenannten Epoche der Kämpfenden Staaten im vierten und dritten Jahrhundert, Fürsten mit ihren Ideen zu überzeugen. Sie reichten Texte bei

Hofe ein, um als Berater angestellt zu werden. Daraus ergab sich natürlich auch, dass die Inhalte der altchinesischen Philosophie zu großen Teilen in einem politischen Kontext entstanden und diesen erörterten. All das spielte sich vor dem Hintergrund einer zerstrittenen Welt ab, in der einzelne Staaten, die kulturell miteinander verbunden waren, regelmäßig übereinander herfielen, um Beute zu machen, aber auch mit dem Ziel, am Ende nicht als der Verlierer dazustehen, dessen Staat ausgelöscht wurde, sondern als derjenige, der die bekannte Welt unter seiner Vorherrschaft geeint hatte.

Auch wenn das Philosophieren über den Staat und sein Funktionieren bei den meisten altchinesischen Denkern selbst dann im Vordergrund stand, wenn sie in späterer Zeit für andere Ideen bekannt wurden, darf doch bezweifelt werden, dass die Sache ganz so einfach war. Zum einen sind Texte von einzelnen Personen sicherlich nicht nur in der Absicht geschrieben worden, damit Fürsten zu überzeugen. Es gibt Hinweise darauf, dass es öffentliche Räume gab, in denen diskutiert wurde; chinesische Philosophie ist also in ihren Ursprüngen stärker in dialogischer Form entstanden, als dies auf den ersten Blick den Eindruck machen mag. So berichtet eine Anekdote aus einem historischen Text, dass ein Politiker des Staates Zheng im Jahr 542 vor unserer Zeit den Vorschlag machte, die Dorfschulen abzuschaffen, weil die Männer dort über Politik diskutierten. Der Adressat des Vorschlages weist dieses Ansinnen entrüstet zurück, denn er hält diese Diskussionen für nützliche Beiträge zur Regierungsausübung. Konfuzius soll diese Auffassung unterstützt haben. Altchinesische Philosophen saßen ganz offenbar nicht einfach allein in ihrem Kämmerlein und schrieben an Texten. Sie traten vielmehr mit großem Gefolge bei den Lehnsfürsten auf. So muss sich der konfuzianische Denker Mengzi (lat. Mencius) zum Beispiel an einer Stelle (3B4) von einem Gesprächspartner die Frage gefallen lassen, ob er es nicht doch für etwas übertrieben halte, dass er mit Dutzenden von Streitwagen und einer Gefolgschaft von mehreren Hundert Männern anreise, um sich dann bei Hofe verpflegen zu lassen.

Zum anderen ist ein grundsätzliches Problem bei der Beschreibung der alten chinesischen Philosophie, dass die meisten Texte, die uns heute vorliegen, nicht aus einem Guss sind. Wir verdanken sie vielmehr einer Redaktion, die im Großteil der Fälle erst frühestens im ersten Jahrhundert vor unserer Zeitrechnung erfolgt ist, zu einer Zeit, als längst ein Zentralstaat etabliert war, in dem staatliche Strukturen tatsächlich nahelegten, was über die frühere Zeit nur angenommen wurde: dass es nämlich klare hierarchische Wege der Textzirkulation gab, bei denen der Staat die entscheidende Rolle spielte.

Das Material, aus dem die Textkonvolute stammen, die einzelnen Denkern zugeordnet oder zugeschrieben werden, ist oftmals heterogen, und seine Datierung, welche die traditionelle chinesische Gelehrsamkeit genauso beschäftigt hat wie die chinesische und die westliche Sinologie des zwanzigsten Jahrhunderts, ist ein höchst schwieriges Unterfangen, auch weil linguistische Kriterien in vielen Fällen eindeutige Ergebnisse nicht ermöglichen. Neuere Textfunde aus den letzten Jahrzehnten können das Bild zwar ergänzen, aber unter den aufsehenerregendsten Funden finden sich auch Texte, deren Authentizität nicht über jeden Zweifel erhaben ist. Sie stammen aus Antiquitätengeschäften in Hongkong und werden als Besitz einzelner Universitäten, die hohe Summen für sie ausgegeben haben, nur von einem kleinen, ausgewählten Kreis von Bearbeitern untersucht. Eine wirklich unabhängige wissenschaftliche Expertise von außerhalb gibt es in den meisten Fällen nicht, so dass beim Zitieren solcher Texte allerhöchste Vorsicht geboten ist. Doch haben neue Textfunde die traditionelle Philosophiegeschichte ohnehin nicht auf den Kopf gestellt, und es gibt wenig Grund, ihre Inhalte denen der traditionell überlieferten chinesischen Bücher vorzuziehen.

Dass es spätestens im vierten und dritten Jahrhundert vor unserer Zeit eine Reihe von unterschiedlichen Denkschulen in China gab, die vor allem in Ostchina aktiv waren, ist durch eine Vielzahl von Quellen belegt. Ein frühes Beispiel ist das sechste Kapitel des konfuzianischen *Xunzi*-Textes, das mit dem Titel «Wider die zwölf Meister» überschrieben ist und kurz vor der Reichseinigung durch die Qin-Dynastie (221 v. Chr.) in der zweiten Hälfte des dritten Jahrhunderts entstanden sein dürfte. Während es den Konfuzius und einen seiner Schüler in höchsten Tönen preist, kritisiert es das Denken von sechs anderen Strömungen, für die es jeweils zwei Exponenten namentlich nennt. Während uns einige dieser Personen anderweitig fast unbekannt sind, finden sich dort auch die Namen des Mo Di, auf den die mohistische Schule zurückgeht, des Shen Dao und des Tian Pian, deren Werke zu größeren Teilen verloren sind, die aber in späterer Zeit in die legalistische Schule eingeordnet wurden. Genannt werden außerdem Hui Shi und Deng Xi, die man zu den Logikern rechnet, und schließlich zwei Nachfolger des Konfuzius, nämlich der mutmaßliche Konfuziusenkel Zisi sowie Mengzi. Eine starke Verwandtschaft mit dieser Klassifikation weist das letzte Kapitel des daoistischen Klassikers *Zhuangzi* auf, das nach seinen Eingangsworten «Im Reich» oder «Alles unter dem Himmel» (*tianxia*) benannt ist. In ihm werden ebenfalls Exponenten verschiedener Denkrichtungen genannt und kritisiert, wobei hier als Ergänzung die Daoisten Laozi und Zhuangzi selbst einen prominenten Platz finden. In diesem Kapitel fehlt der Konfuzianer Mengzi. Das könnte damit zu tun haben, dass dieser zur Entstehungszeit von «Im Reich» an Einfluss verloren hatte. Diese Entstehung wird mehrheitlich erst auf das zweite Jahrhundert vor unserer Zeit angesetzt, als das alte Konzept von «allem unter dem Himmel», das auf der Idee gefußt hatte, dass die ganze bekannte Erde dem Zentralherrscher der Zhou-Dynastie unterstellt sei, von einem klareren Reichsgedanken abgelöst worden war.

Am meisten wissen wir über die Philosophie des alten China aus den *Aufzeichnungen der Chronisten (Shiji)* des Sima Qian (145 oder 135–87?) und seines Vaters Sima Tan, die in ihr Geschichtswerk einige biographische Kapitel zu Personen aufgenommen haben, auf die wichtige Texte zurückgehen. In einem dieser Kapitel, dem 74. des *Shiji*, finden sich Parallelen zu den Überblicksdarstellungen der zeitgenössischen Philosophie in *Xunzi* und *Zhuangzi*. Vor allem aber ist im autobiographischen letzten Kapitel der *Aufzeichnungen der Chronisten* ein Essay des Sima Tan enthalten, in dem dieser die «wichtigsten Standpunkte der Sechs Schulrichtungen» erörtert. Ob hier tatsächlich von «Schulen» die Rede ist oder ob das an dieser Stelle stehende chinesische Wort *jia*, das Familie bedeutet, nicht eigentlich «Persönlichkeitstypen» meint, sei dahingestellt. Jedenfalls wird darauf verwiesen, dass schon im *Buch der Wandlungen* gesagt sei, dass es im Reich nur ein Ziel gebe, jedoch unterschiedliche Wege, es zu erreichen. Die Spezialisten für *yin* und *yang*, die als *ru* bezeichneten Konfuzianer, die Anhänger des Mo Di, die mit Namen befassten Logiker, die Gesetzes- oder Regelexperten und die Anhänger von Weg und Tugend, die Daoisten also, kümmerten sich sämtlich um eines, nämlich um Ordnung. Die Spezialisten für *yin* und *yang* lehrten, dass sich der Mensch nach der Ordnung des Jahres zu richten habe, aber auch, dass er allerhand Tabus beachten solle, die mit glück- und unglückverheißenden Zeitpunkten zu tun hätten. Die Konfuzianer legten Wert auf eine breite Bildung, wobei sie manchmal nicht in der Lage seien, ihr Wissen auf den Punkt zu bringen. Jedoch sei der Wert, den sie auf gesellschaftliche Hierarchien legten, von zentraler Bedeutung. Die Mohisten wiederum seien sparsam, hätten deshalb aber Schwierigkeiten, notwendige Unterschiede in der Gesellschaft manifest werden zu lassen. Die Gesetzesexperten kennten keinen Unterschied zwischen verwandtschaftlicher Nähe oder Ferne, alles sei bei ihnen durch das Gesetz geregelt, Gnade sei ihnen unbekannt. Andererseits regele ihre Lehre klar die Zuständigkeitsbereiche von Fürst und Untertan. Bei den «Namenexperten» sei alles darauf ausgerichtet, dass die Bezeichnungen den zugehörigen Realitäten entsprechen. Das sei eine wichtige Grundlage, führe aber oft dazu, dass die menschliche Komponente vernachlässigt werde. Den Daoisten schließlich gehört sichtlich die Sympathie des Autors: Sie handelten nicht, sondern passten sich den Gegebenheiten an.

Diese Kurzeinschätzung zu den sechs Hauptströmungen, in die altchinesisches Denken unterteilt werden könne, hat die chinesische Geistesgeschichte maßgeblich geprägt. Sie findet sich wieder im ersten Literaturkatalog, der uns aus dem alten China erhalten ist. Dieser ist eine Bestandsaufnahme der Palastbibliothek des chinesischen Kaiserhauses zu Ende des ersten Jahrhunderts vor unserer Zeit und findet sich als dreißigstes Kapitel in der 80 n. Chr. am Kaiserhof eingereichten *Geschichte der Früheren Han-Dynastie* des Ban Gu (32–92). Der Katalog beginnt mit der Literatur, die den kanonischen Schriften zugeordnet wird, und fährt dann mit einer Abteilung fort, die den Titel «Abriss der Meister» trägt. Was das Wort *zi*, das zumeist mit «Meister» übersetzt wird, tatsächlich heißen soll, ist unklar. In der Adelshierarchie des Altertums bezeichnet es einen niederen Fürstentitel, es ist aber auch das Wort für den «Sohn» und wird überdies als ehrende Anrede verwendet. Etwas Ehrendes liegt ihm in jedem Fall zugrunde. In der Han-Zeit wurde an die Geschlechtsnamen von Philosophen oft der Zusatz *zi* geheftet, sowohl um damit die Personen selbst als Denkmeister zu charakterisieren als auch um dem philosophischen Werk der Person einen Namen zu geben, den es zuvor oft nicht gehabt haben dürfte. Bei Ban Gu stehen in dieser Sektion zunächst konfuzianische und dann daoistische Autoren, es folgt die *Yin-Yang*-Schule, danach die Gesetzesautoren oder «Legalisten», die Namenspezialisten und die Mohisten. Jenseits der sechs schon von Sima Tan erörterten Schulen finden sich noch eine Diplomatenschule, eine Schule mit «vermischtem» Gedankengut und eine Schule von Agrartheoretikern. Für alle Schulen nennt Ban Gu an erster Stelle ein bestimmtes Amt, dem sie ursprünglich entstammen. Für die Konfuzianer ist dies zum Beispiel das Erziehungsministerium, für die Daoisten das Amt des Chronisten, für die *Yin-* und *Yang*-Spezialisten dasjenige des Astronomen oder Astrologen, für die Legalisten das des Justizministers oder Richters, und so weiter. Für Ban Gu entspringt die chinesische Philosophie also dem Geist der Bürokratie.

Die meisten dieser Klassifikationen sind Han-zeitlich, stammen also aus der Zeit nach der Gründung des Kaiserreichs und entsprechen damit nicht unbedingt Schulrealitäten der Zeit davor. Von Daoisten oder Legalisten spricht man erst seit dem zweiten Jahrhundert vor unserer Zeit. Anders verhält es sich nur mit den Konfuzianern und den Mohisten. Diese werden bei mehreren Autoren schon vor der Han-Zeit erwähnt, so in einem Kapitel des später als «Legalist» klassifizierten Meisters Han

Fei, der kurz vor der Reichseinigung wirkte und davon spricht, dass die strahlendsten Formen von Gelehrsamkeit in seinem Zeitalter diejenigen der auf Konfuzius zurückgehenden Konfuzianer und der auf Mo Di zurückgehenden Mohisten seien. Auch Zhuangzi erwähnt die Konfuzianer und die Mohisten immer wieder als die Denker der Zeit, wobei er manchmal als einen Gegenpol auch Yang Zhu nennt, der wiederum im *Mengzi*-Text als Antipode des Mo Di genannt ist. Während Mo Di den «allgemeinen schonenden Umgang der Menschen miteinander» predigte, seien Yang Zhu die anderen Menschen so egal gewesen, dass er sich nicht einmal ein Haar ausgerissen hätte, selbst wenn er die Welt damit hätte retten können. Letztlich aber stellen zahlreiche Texte Konfuzius und Mo Di als die Vordenker aller späteren Schulen dar. Ein Konfuzianer wie der unten noch zu besprechende Xunzi betont genauso wie Mo Di die Notwendigkeit, dass ein guter Denker von einem Lehrer intellektuell «eingefärbt» werden muss, und in einem synkretistischen Text wie dem *Frühling und Herbst des Lü Buwei* (*Lüshi chunqiu*) wird dieses «Einfärben» mit Bezug auf Konfuzius und Mo Di behandelt. Diese beiden Männer seien schon lange tot, doch ihre Schüler seien überall in der Welt anzutreffen.

2. Von «Frühling und Herbst» bis zu den Kämpfenden Staaten (721–221 v. Chr.)

Konfuzius und Mo Di

Eine Darstellung der chinesischen Philosophie sollte also mit Konfuzius (552 oder 551–479) beginnen, auch wenn dieser selbst sich auf Vorgänger beruft und seine Lehren ähnlich wie die der Vorsokratiker im alten Griechenland nur in Spruchform beziehungsweise in kürzeren Dialogen zwischen Konfuzius und seinen Schülern oder den Herrschenden seiner Zeit überliefert sind. Eine Reihe dieser Konfuziusworte sind in den *Gesprächen des Konfuzius* versammelt, deren Zusammenstellung traditionell seinen Schülern zugeschrieben worden ist, obwohl der Titel des Buches erst im zweiten Jahrhundert vor unserer Zeit erstmals genannt ist und eine Han-zeitliche Redaktion den Text in seine heutige Form gebracht hat. Konfuzius ist in fast allen Texten des dritten Jahrhunderts – auch denen konkurrierender Schulen – die wichtigste oder eine der wichtigsten Autoritäten, die zitiert werden. In diesen Texten stehen zahlreiche weitere seiner Aussagen, auch wenn diesen von der Tradition nicht dieselbe Authentizität zugebilligt worden ist. Nicht selten werden Konfuzius auch Worte zugeschrieben, die an anderer Stelle mit anderen Namen in Zusammenhang gebracht werden oder die allgemeine Sentenzen gewesen zu sein scheinen. Dies trifft zum Beispiel auf die goldene Regel zu: «Was Du nicht für Dich selbst wünschst, das füge auch keinem anderen zu.» Der Satz findet sich in den *Gesprächen,* aber auch an gänzlich anderer Stelle der literarischen Tradition des alten China.

Konfuzius war Spross einer alten Familie aus dem Staat Song, in dem in besonderer Weise Traditionen der Dynastie Shang hochgehalten wurden. Diese war der Dynastie Zhou vorangegangen, die zu Lebzeiten des Konfuzius nominell die Herrschaft über China ausübte. Real war die Macht längst auf Staaten übergegangen, die den Zhou nach Darstellung der chinesischen Geschichtsschreibung eigentlich im Rahmen einer Lehnsordnung unterstellt waren. Die Familie des Konfuzius war nach Lu im ostchinesischen Shandong ausgewandert. Lu zählte zu den hierarchisch wichtigen Lehnsstaaten. Hier wurde das zeremonielle System der Zhou besonders gepflegt, was als einer der Gründe dafür gilt, dass Konfuzius in seinen Lehren zeremonielle Regeln, Sitte und Anstand besonders betonte. De facto gehörte Lu zu den schwächeren Staaten der Zeit, und man könnte argumentieren, dass sich dort die Notwendigkeit einer Reform des politischen Systems besonders bemerkbar gemacht habe. Dieser Reform verschrieb sich Konfuzius, der seine Karriere als Lehrer begann und im Laufe seines Lebens eine große Zahl von Schülern um sich scharte.

Während eines langen Zeitraums reiste Konfuzius mit seinen Anhängern von Staat zu Staat, um eine Anstellung als Berater zu finden, kehrte aber schließlich enttäuscht nach Lu zurück, um sich dort für den Rest seines Lebens dem Unterricht und literarischen Tätigkeiten zu widmen, in der Hoffnung, dadurch die Welt besser reformieren zu können. Einige seiner Schüler allerdings leisteten gegen Ende seines Lebens entweder in Lu Dienst bei militärischen Auseinandersetzungen mit Nachbarstaaten oder aber im Nachbarstaat Wey. Dort kam es kurz vor dem Tod des Konfuzius zu einem folgenschweren Thronfolgestreit und in dessen Folge zu militärischen Auseinandersetzungen, bei denen einer seiner wichtigsten Schüler ums Leben kam. In diesem politischen Zusammenhang ist die berühmte Lehre von der Richtigstellung der Bezeichnungen zu verorten, die Konfuzius predigte: Ein Fürst müsse sich wie ein Fürst verhalten, ein Vater wie ein Vater, ein Untertan wie ein Untertan und ein Sohn wie ein Sohn. So banal sich dies anhört, für Konfuzius war es ganz entscheidend. Der Thronfolgestreit machte für ihn deutlich, welch großes Unheil durch die Verwirrung von hierarchischen Verhältnissen drohte.

In der Hauptsache betätigte sich Konfuzius nicht als Philosoph. Vielmehr wird ihm zugeschrieben, die kanonischen Schriften des chinesischen Altertums redigiert zu haben. Besonders die *Frühlings- und Herbstannalen* (*Chunqiu*), eine Chronik seines Heimatstaates, die der Zeit von 721–481 v. Chr. ihren Namen gegeben hat, soll er in eine solche Form gebracht haben, dass Lob und Tadel für die Regierenden seiner Zeit zum Ausdruck kamen. Mehrfach ist in den *Gesprächen des Konfuzius* davon die Rede, dass er anhand der Lieder des *Buchs der Oden* moralische Vorstellungen gelehrt habe. Überhaupt spielt das Wort «Sitte», *li*, das ursprünglich einmal Riten oder Zeremonien bedeutet hatte, bei Konfuzius eine entscheidende Rolle.

Der zentrale Begriff in den *Gesprächen des Konfuzius* ist «Menschlichkeit» (*ren*), von der sechzig Stellen handeln, die das Wort eher einkreisen, als dass sie es wirklich definieren würden. Was diese Menschlichkeit genau sein soll, wird nicht ganz klar. An mehreren Stellen wird sie mit der Praxis guter Regierung in Beziehung gesetzt. Sie scheint für Konfuzius den sensiblen, kompetenten Umgang mit anderen Menschen zu beschreiben, der Voraussetzung für eine erfolgreiche Ausübung von Herrschaft ist. Obwohl Konfuzius immer wieder den Himmel als Zeugen anruft, betont er mehrfach, dass für sein Denken das Jenseits, Geister und Götter oder Fragen nach einem Leben nach dem Tod keine Bedeutung haben. Ihm gehe es nur um eine Verbesserung des menschlichen Zusammenlebens. Auch darum braucht er kein philosophisches System.

Mo Di wurde mindestens ein Jahrzehnt nach dem Tod des Konfuzius geboren und kam in dessen Heimatstaat Lu mit dessen Schülern und Enkelschülern in Berührung. Davon ausgehend entwickelte er selbst eine Lehre und gründete eine eigenständige Schule, von der es heißt, sie sei überaus straff und hierarchisch organisiert und auf einen Großmeister zugeschnitten gewesen. Sie soll auf die sozial Schwachen ausgerichtet gewesen sein, Zimmerleute sollen zu ihrer Klientel gehört haben. In diesem Zusammenhang ist von Interesse, dass der Nachname Mo ansonsten in China unbekannt war. Er bedeutet eigentlich «tätowieren». Das Tätowieren im Gesicht war eine Form der Bestrafung, die zur Folge hatte, dass die Betroffenen den Dienst an ihren Ahnen nicht mehr durchführen durften, da sie diesen sichtbar Schande gemacht hatten. Einige Wissenschaftler nehmen deshalb an, dass Mo Di eigentlich der «Tätowierte Di» war.

Mo Di lehnte Angriffskriege ab, wurde aber von einem Herrscher des Staates Song Mitte des fünften Jahrhunderts in Dienst genommen, um dort mit seinen Schülern die Verteidigung zu organisieren. Auch an seinem Beispiel wird also deutlich, dass das philosophische Schreiben nicht einem Selbstzweck diente, sondern einerseits auf die Praxis ausgerichtet war und dass andererseits Schulen nicht nur dem Unterricht dienten, sondern Meister und Schülerschaft eine wehrhafte Gemeinschaft bildeten.

Die Lehren des Mo Di sind mit denen des Konfuzius auf den ersten Blick verwandt: Während dieser von der Menschlichkeit als wichtigster Tugend gesprochen hatte, zu der ein gebildeter Mensch fähig zu sein hatte, um ein Amt übernehmen oder Regierung ausüben zu können, ging es Mo Di um «allgemeine Menschenliebe» oder vielleicht besser den «allseitig schonenden

Umgang miteinander» *(jian ai)*, der der Schlüssel zum Wohl der Menschheit sein sollte. Die Anderen zu schonen zielte auf die Fürsten der Zeit, die die Menschen ganz ähnlich wie in anderen Kulturen als Ressource ansahen, die man einsetzen konnte, um den eigenen Staat zu stärken. Mo Di war der Auffassung, dass ein solch utilitaristischer Umgang mit den Menschen am Ende nicht zum Ziel führen werde. Die Herrschenden, aber auch jedes einzelne Mitglied der Gemeinschaft, wollte er daran erinnern, dass Menschen nicht Verfügungsmasse auf dem Weg zum Erfolg seien. Vielmehr führe das Prinzip des schonenden Umgangs miteinander am Ende zwangsläufig dazu, dass die Menschen einander nutzten.

Sich gegenseitig schaden zu wollen, um Nutzen für sich selbst zu erlangen, liegt nach Auffassung des Mo Di in der Natur des Menschen. Wie später in der Philosophie des Engländers Thomas Hobbes waren seiner Ansicht nach am Anfang der Welt die Menschen einander feind und versuchten, sich gegenseitig zu Fall zu bringen. Dies war der Grund, warum die Menschen sich einen Herrscher suchten und dieser sich den bürokratischen Staat erdachte. Um den Zustand der ständigen Disharmonie zu beseitigen, musste der Herrscher das Prinzip der allgemeinen Menschenliebe einführen. Man hat zu Recht eingewandt, dass die ständige Betonung dieser Maxime noch lange keine echte Philosophie ersetzt und dass dem *Mozi*-Konvolut ein Gedanke daran fehlt, wie man den allseitigen schonenden Umgang gegen weniger wohlmeinende Stimmen philosophisch begründen könnte, damit auch Zyniker ihn akzeptierten.

Das Konvolut, das den Namen des «Meisters Mo» (*Mozi*) trägt, umfasst heute 53 von ursprünglich 71 Kapiteln, die über einen langen Zeitraum entstanden sein dürften, der bis in die Han-Zeit hineinreicht. Drei dieser Kapitel beschreiben den Gedanken der «allgemeinen Menschenliebe», drei weitere den Gedanken, man müsse die würdigen Persönlichkeiten im Reich, also die Fachleute für die wichtigsten Lebensbereiche, höher schätzen, als dies im Augenblick der Fall sei. Drei Kapitel des *Mozi*-Textes enthalten Streitschriften gegen die Angriffskriege, die die Fürsten der Zeit führten.

Mo Di argumentiert stark gegen die Schicksalsgläubigkeit der Konfuzianer, setzt aber großes Vertrauen in den Willen des Himmels, der ein unabhängiger Schiedsrichter für die Bestrebungen der Menschen sei. Aus allen Facetten des Textes spricht die Ansicht, in der Verschwendung von Ressourcen liege der Grund allen Übels der Menschheit. Sparsamkeit sei das Gebot der Stunde. Der Aufruf zum Verzicht richtet sich gegen alles, womit die Konfuzianer gesellschaftliche Unterschiede manifest machen: Riten und Musik oder aufwendige Begräbnisse. Ein ganzes Kapitel widmet sich der vermeintlichen Hypokrisie der Konfuzianer, die ihre Stellung als Ritenmeister dafür ausnutzten, sich über andere zu erheben. Ein zweites Kapitel «Gegen die Konfuzianer» ist verloren gegangen. Ein Punkt, in dem Ähnlichkeiten zwischen Konfuzius und Mo Di bestehen, ist der Glaube an die Macht des Himmels. Zweimal wiederholt Mozi in den drei mit dem Titel «Der Wille des Himmels» überschriebenen Kapiteln die Auffassung, der Himmel belohne moralisch gerechtes Handeln, während er ungerechtes Handeln bestrafe.

Aus Texten, die sich kritisch mit den Mohisten auseinandersetzen, wissen wir, dass sie das Prinzip der Arbeitsteilung zumindest teilweise verwarfen. Jeder solle für sich selbst sorgen, jeder seinen Lebensunterhalt auf dem Acker erwerben, keiner den anderen versklaven. Umgekehrt solle es auch keine erblichen Positionen im Staat mehr geben, sondern nur nach den Leistungen geurteilt werden. Erstmals finden wir in diesem Zusammenhang bei Mo Di auch die für die spätere chinesische Tradition produktive Trennung in positiv besetztes Allgemeinwohl und negativ bewertete private Interessen. Bertolt Brecht übrigens, der die *Mozi*-Übersetzung des deutschen Sinologen Alfred Forke kannte, vermutete im *Mozi* sozialistische Ideale und schrieb eine heute wenig beachtete Sammlung mit dem Titel *Me Ti / Buch der Wendungen*, in der er die mit chinesischen Namen verfremdeten europäischen Väter des Sozialismus zu Wort kommen lässt. (Me Ti lehnt sich an eine ältere Umschrift des Namens Mo Di an.)

Mengzi: Menschlichkeit und Gerechtigkeit

Der erste echte konfuzianische Philosoph ist Meng Ke, genannt Mengzi, «Meister Meng». Er stammte aus der Stadt Zou, die nur eine kurze Wegstrecke von Qufu, der Heimatstadt des Konfuzius, entfernt liegt. Er soll ein Schüler oder ein Enkelschüler des Enkels von Konfuzius gewesen sein. Sowohl seinen Lehrer als auch Konfuzius erwähnt er in der nach ihm *Mengzi* benannten Schrift an mehreren Stellen mit großer Ehrfurcht. Das Wenige, was wir jenseits des Buchs *Mengzi* über ihn wissen, stammt von Sima Qian, der Meng Ke als einen gescheiterten Politiker beschreibt, der in die Welt seiner Zeit nicht hineinpasste. Während die Welt Militärtheoretiker wie den Meister Sun beschäftigte, um mit realen politischen Problemen umzugehen, sprach er über die Tugenden der Herrscher des Altertums. Auch im *Mozi* werden die mythischen Herrscher Yao, Shun und Yu, die zu Beginn der geschichtlich fassbaren Zeit eine ideale Herrschaft errichtet haben sollen, immer wieder positiv erwähnt. Hierin unterscheiden sich Konfuzianer und Mohisten also nicht. Jedoch zeichnet sich der Konfuzianismus des Meng Ke dadurch aus, dass für ihn die Vergangenheit ein goldenes Zeitalter darstellt. Den menschenfeindlichen Zustand des Kampfes aller gegen alle, den Mozi beschreibt, kennt der Konfuzianismus nicht.

Sima Qian berichtet davon, dass er jedes Mal seufzen musste, wenn er bei der Lektüre des Mengzi zu der Stelle gekommen sei, an der König Hui von Liang (er herrschte in der zweiten Hälfte des vierten vorchristlichen Jahrhunderts) den Mengzi gefragt habe, wie er seinem Staat nützen könne. Nutzen sei, so antwortete Mengzi, der Anfang allen Aufruhrs, und er zitierte Konfuzius, der sich ebenfalls gegen die Kategorie des Nutzens wandte. Ob Sima Qian mit seinem Seufzer Mengzi loben oder ob er ihn hier schon als hoffnungslosen Weltverbesserer darstellen wollte, bleibt offen. König Hui von Liang stand zum Zeitpunkt dieses Ratschlags unter erheblichem Druck. Er hatte sowohl im Osten als auch im Westen Territorium eingebüßt und musste sogar die Hauptstadt des Landes fast 300 Kilometer weit nach Westen verlegen. Dass er nach «Nutzen» fragte, hatte also einen unmittelbaren Grund in seiner Verzweiflung – und dass er den Rat des Mengzi nicht annahm, ist verständlich.

Mengzi bezog mit seiner Kritik am «Nutzen» implizit Stellung gegen die Mohisten, für die der Nutzen ihrer Maßnahmen die entscheidende Rolle spielte. Die zitierte Stelle steht in der heute zugänglichen Fassung des Mengzi-Textes gleich am Anfang, was ihre Bedeutung in der Rezeptionsgeschichte unterstreicht. Mengzi ist in späterer Zeit für seine Kritik am Mohismus berühmt geworden, auch wenn er sie in inhaltlicher Form nur an ganz wenigen Stellen des Konvolutes äußert, das seinen Namen trägt, und durchaus Zweifel daran möglich sind, ob alle Stellen auf ihn selbst zurückgehen.

Während Sima Qian davon spricht, dass das Buch *Mengzi* sieben Abschnitte umfasst habe, steht im Literaturkatalog des Ban Gu, dass das *Mengzi* zu seiner Zeit elf Abschnitte aufwies. In späterer Zeit tauchen sogenannte «Äußere Aufzeichnungen» des Mengzi in vier Abschnitten auf, doch sind einige davon inhaltlich klar als Produkte der späten chinesischen Kaiserzeit zu identifizieren. Hier zeigt sich exemplarisch, wie die chinesische Tradition versucht hat, widersprüchliche Aussagen aus dem Altertum miteinander in Einklang zu bringen – und dass man auch schon im kaiserzeitlichen China mit Fälschungen Geld verdienen oder sich zumindest einen Namen machen konnte. Der heutige *Mengzi*-Text umfasst sieben Doppelkapitel, die in dieser Form wahrscheinlich Ende des zweiten Jahrhunderts unserer Zeit von Zhao Qi, dem ersten Kommentator des *Mengzi*, zusammengestellt worden sind. Eine gründliche Lektüre zeigt, dass die einzelnen Kapitel heterogener Natur sind. So finden sich Zitate des kanonischen Buchs der Lieder und wörtliche Konfuziuszitate fast nur in den vorderen Teilen der Doppelkapitel. Umgekehrt erwähnt Mengzi seinen Lehrer oder andere Konfuzianer in den hinteren Teilen. Autoren der Späteren Han zitieren nur bestimmte Teile des *Mengzi*, andere scheinen sie noch nicht gekannt zu haben. Während Vieles im *Mengzi* direkt auf die Person des Mengzi zurückgehen dürfte, gibt es einzelne Stellen, die später entstanden sein dürften. Dass die Hand des Zhao Qi ordnend auf die Textgestalt gewirkt hat und dass nicht jedes Wort im *Mengzi* auch von Mengzi stammen muss, darf bei der Lektüre auf keinen Fall außer Acht gelassen werden.

Die äußere Struktur des heutigen Textes zeigt, dass sich der Kompilator Gedanken gemacht hat: Er hat den ersten Teil des ersten Kapitels mit Dialogen gefüllt, die Mengzi mit zwei Herrschern der Nachbarstaaten Liang und Qi über die Regierung anhand der Prinzipien von Menschlichkeit und Gerechtigkeit geführt hat, wohl den zentralen Kategorien seiner Philosophie. Seine Theorie ist, dass auch der Fürst eines kleinen Staates, der von mächtigen Staaten bedroht wird, in der Lage ist, seinen Untertanen eine Heimstatt zu bieten, denn diese werden im Gegensatz zu den Untertanen der großen Staaten mit grausamen Fürsten alles für ihn tun, wenn sie ihre eigene Regierung so empfinden wie die Liebe von Eltern zu ihren Kindern. Im zweiten Teil des Kapitels zeigt Mengzi, dass die Praxis in Qi mit dieser Theorie nicht übereinstimmt. In drastischer Weise zitiert Mengzi die Verwunderung eines Herrschers von Lu, der beklagt, dass 33 seiner Offiziere im Krieg gefallen seien, ohne dass irgendjemand aus dem Volk bereit gewesen sei, für sie in den Tod zu gehen. «Wehe, wehe!», so ruft er aus: «Was von Dir ausgeht, das wird auf Dich zurückfallen!»

Der erste Teil des zweiten Kapitels erörtert die potentiellen Möglichkeiten guter Regierung im Staat Qi, in dem Mengzi offenbar für eine kurze Zeit Minister gewesen ist. In diesem Zusammenhang bringt er zwei berühmte Konzepte auf. Das erste ist die Unterscheidung zwischen den geistigen und den physischen Fähigkeiten des Menschen, die seiner Meinung nach untrennbar miteinander verbunden sind. Während er für die geistigen Kapazitäten zwei Wörter einführt, nämlich die Gesinnung und das Herz als Ort, an dem das Denken stattfindet, spricht er bei den physischen Kräften vom Qi, der Luft oder dem Atem des Menschen, ein Wort, das gleichzeitig Mut bedeutet. Der Mut ist eine zentrale Kategorie, die anders als im griechischen Denken in der chinesischen Philosophie sonst kaum eine Rolle spielt. Mengzi allerdings führt aus, dass der Mut dann groß ist, wenn der Beamtengelehrte ihn geschult hat: Wenn er eine Sache für richtig und gerecht hält, dann kann er sich den Mut abverlangen, für sie einzustehen. Mengzi koppelt diese Theorie noch mit der Notwendigkeit, die unterschiedlichen Lehren im Reich zu kennen.

Mengzi zeigt, dass nur Standfestigkeit einen Menschen zum Herrscher über die Welt machen kann, der auf seinem eigenen Niveau keinen Widerpart mehr hat und den niemand versklaven kann. Versklavt zu werden sei dagegen das Schicksal desjenigen, der nicht in der Lage ist, eine menschliche Regierung zu führen. Die Herrscher des Altertums vermochten dies, weil sie das zweite verstanden hatten, was Mengzi in diesem Abschnitt wichtig ist, dass nämlich die Menschen Anlagen zu vier Kardinaltugenden haben, zur Menschlichkeit, zum rechten Empfinden, zum sittlichen Betragen und zum Wissen, was richtig und was falsch ist. Die Theorie von den vier Kardinaltugenden, die mit den platonischen Tugenden von Tapferkeit, Gerechtigkeit, Besonnenheit und Weisheit verwandt sind, wird also zuerst im Zusammenhang mit der Theorie von der Notwendigkeit der Herrschaft nach den Prinzipien der Menschlichkeit entwickelt. An späterer Stelle wird sie im Kontext der menzianischen Ideen von der Natur des Menschen wieder aufgegriffen und weiter ausgeführt.

Im zweiten Teil des zweiten *Mengzi*-Kapitels erfährt der Leser, dass Mengzis Tätigkeit als Minister in Qi nicht von Erfolg gekrönt war, weil der König nicht in der Lage war, die Theorie von der menschlichen Herrschaft in die Praxis umzusetzen, und nicht auf Mengzi hörte. Dieser Teil beschäftigt sich mit dem allmählichen Rückzug Mengzis aus der Politik in Qi. Dafür wird er uns im Kapitel 3 als Minister vorgeführt, der in einem kleinen Staat tatkräftig die Regierung führt. Hier hat er sich mit neu zugezogenen Menschen auseinanderzusetzen, die wie in einer Landkommune mit einfachen Gewändern und Hanfsandalen auftreten und allen Besitz miteinander teilen. Mengzi klärt sie über die Notwendigkeit hierarchischer Beziehungen zwischen den Menschen und über das Prinzip der Arbeitsteilung zwischen denen auf, die mit ihrem Geist, und denen, die mit ihrer Körperkraft arbeiten. Er rechtfertigt den Steuersatz von einem Zehnten und erörtert entsprechende konfuzianische Sozialsysteme. Am Schluss wendet er sich gegen die Mohisten. Dies tut er auch im zweiten Teil des Kapitels, das im Übrigen davon handelt, dass ein Gelehrter im Fall eines Misserfolgs seine Prinzipien nicht beugen darf. Hier entsteht der Eindruck, dass Mengzi sich mit allerhand Widrigkeiten und Gegnern auseinanderzusetzen hatte, was ganz offenbar in sein politisches Scheitern mündete.

Damit ist die politische Theorie des Mengzi abgehandelt. Das vierte Kapitel des Textes wirkt wie ein Interludium. Es enthält nur fragmenthafte Aussagen des Mengzi, bevor dieser dann im fünften Buch als Theoretiker auftreten darf, der falsche Lehren anderer Schulen zu konfuzianischen Traditionen widerlegt. Darauf folgt im sechsten Buch die berühmte Theorie vom Guten, das in der menschlichen Natur oder dem menschlichen Wesen angelegt ist. Diese entwickelt Mengzi zunächst im Dialog mit einem offenbar konkurrierenden Philosophen namens Meister Gao, dem er schon seine Gedanken zur Bedeutung des wohlgenährten *Qi*, der Luft oder materiellen Kraft, die den Menschen durchströmt, gegenübergestellt hatte.

Meister Gao beginnt die Diskussion damit, dass er die Natur des Menschen mit dem Holz einer Weide vergleicht. Das Gefühl der moralischen Richtigkeit sei wie ein Becher, den man aus dem Holz mache. Wenn man meine, dass Menschlichkeit und moralisches Rechtsempfinden schon das Wesen des Menschen sei, dann sei das so, als erkläre man einen Becher für die natürliche Form von Weidenholz. Mengzi kontert, dass diese Argumentation bedeuten würde, dass die Anerziehung von Menschlichkeit und moralischem Rechtsempfinden eine Verletzung des Wesens des Menschen wäre. Gaozi vergleicht das menschliche Wesen dann mit Wasser, das in alle Richtungen gelenkt werden könne. Mengzi hingegen erwidert, das Wasser fließe immer nach unten – und genauso liege es im Wesen des Menschen, sich grundsätzlich zum Guten zu wenden. Als Gaozi schließlich argumentiert, dass das Wesen – ein Wort, das etymologisch im Chinesischen mit dem Begriff für Leben verwandt ist – nichts anderes sei als eben das «Leben», erwidert Mengzi, es gebe ja doch verschiedene Formen von Wesen: diejenige des Hundes, diejenige des Rindes und diejenige des Menschen.

Meister Gao ist also der Meinung, das menschliche Wesen sei in keiner Richtung vorbestimmt. Die meisten modernen Betrachter werden dem zustimmen und die philosophischen Überlegungen von Meister Meng für fragwürdig halten, auch wenn dieser genau wie Sokrates bei Platon immer das letzte Wort behält. Die Dramaturgie des *Mengzi*-Textes will es so, dass Gaozi und einer seiner Schüler in den Abschnitten vier und fünf zugeben, dass Menschlichkeit doch angeboren sei, da der Mensch zu seinen Verwandten ein Gefühl von Nähe verspürt. Sie beharren aber darauf, dass das moralische Rechtsempfinden nicht angeboren ist. Auch hier ist die Antwort des Mengzi beziehungsweise seiner Anhänger aus heutiger Sicht wenig befriedigend. Sie vergleichen die unterschiedliche Nähe und Ferne, die man zu Menschen verspüren kann, mit warmem und kaltem Wasser, das man je nach Jahreszeit lieber trinkt, oder mit einem Braten aus dem Ausland und einem einheimischen, die am Ende doch gleich schmecken.

Hier fügt der *Mengzi*-Text noch einmal den Passus zu den vier Kardinaltugenden ein. Was er mit der Güte des menschlichen Wesens meine, sei, dass der Mensch von seiner Veranlagung her in der Lage sei, Gutes zu tun. Tue der Mensch nicht Gutes, dann liege das nicht an seiner Veranlagung: Mitleid im Herzen, das habe jeder, genauso Scham und Abscheu, Ehrfurcht und Respekt sowie das Empfinden für richtig und falsch. Dies belege, dass Menschlichkeit, moralisches Rechtsempfinden, sittengerechtes Verhalten und Klugheit angeboren seien. Schlechtes Verhalten vergleicht er mit einem Berg, dessen Bäume, Sträucher und Pflanzen Tiere abgeweidet haben – die Natur des Berges war einmal anders. Ganz wie Sokrates mit seiner Lehre der philosophischen «Hebammenkunst», der Maieutik, der Meinung ist, dass man dem Menschen nur das beibringen muss, was er eigentlich schon weiß, so spricht Mengzi davon, dass der Mensch nur sein Herz suchen muss, das ihm abhanden gekommen ist.

Das letzte Kapitel des *Mengzi* ähnelt in seiner Fragmenthaftigkeit dem vierten. Wichtig für die Beurteilung seiner Philosophie scheint dies nicht mehr zu sein. Entscheidend ist vielmehr, dass sich bei genauer Lektüre zeigt, dass Mengzi die Lehre von der Natur des Menschen für seine Ideen zur Regierungspraxis benötigt. Die Theorie ohne Anwendung ist nur ein Ergebnis der Tatsache, dass es dem Philosophen unmöglich ist, die Welt auf einen besseren Pfad zu bringen.

Die Jixia-Akademie: Meister Zou und die Lehre von den Fünf Elementen

In den *Aufzeichnungen des Chronisten* steht die Biographie des Mengzi an der Spitze einer Reihe von weiteren Denkern unterschiedlicher Couleur, denen allen eines gemeinsam ist: Sie sollen Mitglieder einer Art Akademie gewesen sein, die König Xuan von Qi (342–323 v. Chr.) am Rande seiner Hauptstadt errichtet haben soll. Er habe 76 Männern den Rang eines hohen Würdenträgers verliehen und sie diskutieren lassen, ohne dass er dabei Kontrolle ausübte. Der Ort sei so attraktiv gewesen, dass die Zahl der Personen, die dort zusammenströmten, bald die Tausend überschritt. Nach Mengzi wirkte in Qi ein zweiter Mann aus dessen Heimatstadt. Man kennt ihn nur unter dem Namen Yan aus Zou, kurz Zou Yan. Dieser soll die Lehre von den Fünf Elementen bzw. den Fünf Wandlungsphasen Holz, Feuer, Wasser, Erde und Metall erfunden haben. Die Phasen lösen sich dieser Lehre zufolge ständig ab und haben Einfluss auf die Abfolge von Dynastien. Auch allerhand weitere Korrelationen wurden ihnen später nachgesagt. So korrelieren die Elemente mit den Himmelsrichtungen und den Farben, wobei die Erde und die Farbe Gelb die Mitte einnehmen, während der Osten blau oder grün ist und mit dem Holz korreliert, der Norden mit Wasser und der Farbe Schwarz, der Süden mit Feuer und der Farbe Rot und der Westen mit Metall und der Farbe Weiß. Tatsächlich finden sich belastbare Hinweise auf ein Bewusstsein von der Wirkmacht der Fünf Elemente erst in der Zeit der Han, also ab dem zweiten Jahrhundert vor unserer Zeit. Ban Gu zählt den Zou Yan übrigens zu den Spezialisten für die Lehren von *yin* und *yang*, und in späterer Zeit stehen die Fünf-Elemente-Lehre und die Lehre von *yin* und *yang* in symbiotischer Beziehung.

Auf die Meister aus Zou folgten in der Jixia-Akademie Personen, von denen wir nur wenig wissen. Chunyu Kun, der ebenfalls zu den Meistern von der Akademie gehört, taucht immerhin als kritischer Gesprächspartner des Mengzi auf. Von Shen Dao sind eine Reihe von Fragmenten überliefert, die ihn einer Schulrichtung zuweisen, die mit Gesetzesexperten oder Legalismus und mit Daoismus in Verbindung steht.

Shang Yang und die Lehre von den «Bußen und ihren Bezeichnungen»

In klassischen Darstellungen der chinesischen Philosophie spielt die Schule des sogenannten Legalismus eine zentrale Rolle, weil sie die Beamtenlehre war, die der Reichseiniger Qin Shihuang, der Erste Erhabene Kaiser von Qin (herrschte von 221–210), für einige Jahre zur Staatsdoktrin machte. Den chinesischen Begriff *fajia*, wörtlich wohl «Experten für das Recht», für die Legalisten gibt es jedoch nicht aus der Zeit, in der diese Lehre entstanden ist, sondern erst seit Sima Tan und Ban Gu. Letzterer hat Shen Dao mit drei weiteren bekannten Personen zur Gruppe der Legalisten zusammengefügt. Die ersten beiden Vertreter sind Shang Yang und Shen Buhai, beide Persönlichkeiten, die außerhalb des Orbits der Jixia-Akademie wirkten. Über Shen Buhai ist nicht viel zu berichten. Nach Aussage des Sima Qian wirkte er zwischen 351 und 336 als Kanzler in einem der sechs Staaten, die China zu dieser Zeit unter sich aufgeteilt hatten.

Leben und Wirken des Shang Yang hingegen sind gut dokumentiert: Er war ein Spross des Fürstenhauses in Wey, des Staates, in dem die Anhänger des Konfuzius für einige Zeit Macht ausgeübt hatten. Dieser Staat war jedoch längst vom benachbarten Wei annektiert worden. König Hui von Wei erkannte die Fähigkeiten des Shang Yang nicht. Dieser zog in den Staat Qin, wurde dort mit einer ganz auf die Stärkung der Staatseinnahmen ausgerichteten Politik Kanzler und fügte dann seiner Heimat Wei vernichtende Niederlagen zu, so dass dieses seine alte Hauptstadt aufgeben musste und nach Liang umzog – deshalb heißt der König im *Mengzi* auch König Hui von Liang, nicht Wei.

Mit seinen Reformen zog Shang Yang den Hass der Adelsfamilien auf sich, die schließlich dafür sorgten, dass er 338 v. Chr. hingerichtet wurde. In den *Aufzeichnungen der Chronisten* heißt es sowohl in der Biographie des Shen Buhai als auch in der des Shang Yang, dass sie sich auf die Lehre von den «Bußen und ihren Bezeichnungen» (*xingming*) verstanden hätten. Mit anderen Worten waren sie Juristen, die wussten, welche Strafe auf welches Vergehen stand. Das deckt sich mit der Aussage des Ban Gu, dass die Strömung der Legalisten aus dem Richteramt hervorgegangen sei.

Mit dem Namen Shang Yang ist auch ein Buch in 26 Kapiteln verbunden, das Vorschläge zur Ordnung des Staates im Sinne einer unparteilichen Herrschaft macht, die auf Bevorzugung einzelner Personen verzichtet, sie vor dem Gesetz gleichstellt und unter anderem Vorschläge für ein Steuersystem unterbreitet. Wie die Mohisten geht es davon aus, dass das Volk nach Nutzen strebt, und es gibt dem Herrscher Ratschläge, wie er das Volk kontrollieren kann, indem er diesen Mechanismus versteht. Auch das Menschenbild, auf das Shang Yang seine Erkenntnisse stützt, ähnelt dem der Mohisten. So beginnt das siebte Kapitel des *Buchs des Herrn Shang* mit der Einsicht, dass, als Himmel und Erde entstanden, die Menschen ihre Mutter kannten, nicht aber ihren Vater. Sie hielten sich an die nächsten Verwandten, geizten mit ihrem Besitz und grenzten sich von anderen Menschen ab. Daraus entstanden Streit und Krieg. Das erst bewirkte das Aufkommen von würdigen Schiedsrichtern, die unparteiisch waren und dem Volk beibrachten, die konfuzianische Menschlichkeit zu schätzen. Doch um auch die Schiedsrichter vom Streiten abzuhalten, bedurfte es der Weisen, die Beamte und darüber einen Herrscher einsetzten. Diese schafften die mittlere Schicht der Würdigen wieder ab, weil sie ihrerseits miteinander im Streit lagen, und sorgten dafür, dass das Volk dumm blieb, weil der Herrscher dann mit seiner eigenen Klugheit regieren kann. Das verweist schon auf den daoistischen *Laozi*-Text. Der Mensch strebt Shang Yang zufolge nach

Eigennutz, und lässt man ihn darin gewähren, so führt dies zu Aufruhr. Daher bedarf es der Gerechtigkeit und des Zurückdrängens von verwandtschaftlicher Nähe. Genau so definiert übrigens Sima Tan die Legalisten.

Die Inhalte des Textes decken sich mit dem, was die Biographie des Shang Yang über ihn schreibt. Sie sind in vielen Teilen nicht unbedingt philosophisch zu nennen. Allerdings werden hier zwei Begriffe eingeführt, die für das chinesische Denken fundamental sind. Der eine ist das Wort *fa*, das den Legalisten ihren Namen gegeben hat, der zweite das Wort *quan*, das ursprünglich den Waagebalken meint und in Kombination mit dem Wort *li* für «Kraft» im modernen Chinesischen als *quanli* für die Übersetzung von «Macht» verwendet worden ist. Mit Macht, Autorität oder Ähnlichem wird in einem Rückschluss aus dem späteren Chinesischen auch das klassische Wort *quan* gerne übersetzt, was der Sache allerdings häufig nicht gerecht wird, denn der Machtaspekt steckt im zweiten Bestandteil «Kraft», nicht im ersten, der ganz anders als im westlichen Denken nichts mit Macht, sondern eher etwas mit «Gelegenheit» oder «Chance» zu tun hat.

Das Wort *fa*, das nach seinem modernen Gebrauch landläufig mit «Gesetz» wiedergegeben wird, aber auch «Vorbild», «Muster» oder «Norm» bedeutet, kommt in den beiden konfuzianischen Texten mit frühem Material, den *Gesprächen des Konfuzius* und dem *Mengzi*, kaum vor. Im *Buch des Herrn Shang* ist es dagegen omnipräsent. Schon im ersten Kapitel, das allerdings vermutlich erst in der Han-Zeit verfasst worden ist und als Ganzes nicht vor dem ersten Jahrhundert v. Chr. vorgelegen haben dürfte, kündigt der Herrscher von Qin an, er wolle mit geändertem Recht regieren, fürchte aber, dass man ihm dies nicht durchgehen lassen werde. Shang Yang sagt ihm, dass das Recht *(fa)* das Mittel sei, durch das man mit dem Volk schonend umgehen könne, während das sittliche Benehmen *(li)* die Aufgaben erleichtere. Wenn ein Weiser nur seinen Staat stärken könne, dann nehme er sich nicht an dessen Präzedenzfällen ein Vorbild *(fa)*. Der Wissende setze Recht *(fa)*, der Dumme werde dadurch kontrolliert. Auch im Altertum habe man nicht die Vorbilder *(fa)* von früher gebraucht, man habe das Recht *(fa)* so gesetzt, wie man es zu einem bestimmten Zeitpunkt brauchte, und das sittliche Benehmen *(li)* so geregelt, dass es zu den Angelegenheiten passte. Wer mit seinem Recht anderes Recht beseitige, der werde stark, so heißt es an anderer Stelle. Der Begriff *fa* schillert zwischen traditionellen Vorbildern und Regeln, die der Herrscher selbst setzen muss, bis hin zu einem Recht, das er mit seinem Namen verbindet.

Das vierzehnte Kapitel des *Buchs des Herrn von Shang* spricht sowohl vom Recht als auch von *quan*, dem zweiten Begriff, der für das Denken dieses Textes zentral ist. Mengzi definiert an einer Stelle schön, was mit dem Wort gemeint ist. Auf die Frage des Chunyu Kun, eines anderen Jixia-Denkers, ob denn ein Mann eine Frau vor dem Ertrinken retten dürfe, wo doch die Regel sei, dass ein Mann einer Frau nicht die Hand geben dürfe, antwortet Mengzi, dass dies sehr wohl die Regel sei, es aber Ausnahmen *(quan)* gebe. Diese Ausnahme ist Gegenstand des «Abwägens der Umstände» oder aber der «Augenblicksentscheidung». In ähnlichem Sinne verwendet auch der Herr von Shang das Wort gerne. Die Praxis von Konfuzianern, sich auf alte Lieder und Urkunden zu berufen, nennt er «von außen kommende Erwägungen» – die eigentlich mit der Sache nichts zu tun haben.

Das vierzehnte Kapitel beginnt mit folgenden Worten: «Drei Dinge gibt es, durch die Ordnung im Staat herrscht: erstens das Recht, zweitens die Glaubwürdigkeit und drittens die Augenblicksentscheidung. Das Recht ist das, was Fürst und Untertan gemeinsam in den Händen halten, die Glaubwürdigkeit ist das, was Fürst und Untertan gemeinsam aufbauen. Die Augenblicksentscheidung aber ist das, was der Fürst allein kontrolliert... Setzt man daher das Recht und macht die Zuständigkeiten klar, ohne durch eigene Ansichten das Recht zu verletzen, dann herrscht Ordnung. Werden die Entscheidungen allein vom Fürsten getroffen, dann strahlt er Autorität aus...»

Das Recht, so heißt es im nächsten Abschnitt, ist der Waagebalken (*quanheng*) des Staates – und der Fürst, so muss man ergänzen, ist derjenige, der das Gewicht in den Waagschalen misst, wenn die Sache uneindeutig ist, oder der einer Sache Gewicht zumisst und einer anderen nicht. *Quan* ist nicht «Autorität», sondern das im chinesischen Denken ungemein wichtige Zünglein an der Waage. Der Herrscher hat sich an den ersten Standard, das Recht, zu halten, damit er den zweiten Standard, seine Glaubwürdigkeit, nicht verliert. Er ist, ganz wie es bei Ban Gu über die Legalisten heißt, die er dem Richteramt zuordnet, Richter, wenn das Recht eine letzte Instanz, eine Entscheidung, erfordert, denn auch ein noch so perfektes Rechtssystem kennt offene Fragen. Das hätte ein Konfuzianer wie Mengzi nie so gesagt, denn bei ihm soll der Herrscher auf seinen Berater hören.

Wir sehen in den Vorstellungen des ersten großen Legalisten ein klares Gegenstück zu den Lehren der Konfuzianer. Anstelle von deren Traditionsrecht ging es ihm um Vernunftrecht, anstelle moralischer Vorhaltungen um Berechenbarkeit. Konfuzius und Mengzi versuchten sich beide an einer politischen Karriere, scheiterten aber. Shang Yang hingegen kostete den Erfolg aus, so sehr, dass man am Schluss den König von Qin warnte, jeder spreche nur noch vom Recht des Herrn von Shang, nicht aber von dem des Königs. Er wurde daraufhin an die Streitwagen des Königs gebunden und von den auseinanderpreschenden Pferden zerrissen, ohne dass ihm, wie Sima Qian schreibt, irgendjemand in Qin eine Träne nachweinte.

Zhuangzi: Wie man ein besseres Leben führt

Der dritte wichtige Philosoph der Zeit des Mengzi und des Herrn von Shang ist Zhuang Zhou, auch Zhuangzi genannt, aus dem Staat Wei, der nach dem Umzug der Hauptstadt nun Liang hieß. Früher hatte seine Heimat offenbar zum Staat Song gehört, den wir schon im Zusammenhang mit Konfuzius und Mo Di kennengelernt haben. Zhuang Zhou war einst ein niederer Beamter und lebte zur selben Zeit wie die Könige Hui von Liang und Xuan von Qi, die auch die Protagonisten der ersten Kapitel des *Mengzi*-Textes sind. König Hui von Liang war gleichzeitig der Mann, der zu seinem eigenen Verderben die Fähigkeiten des Shang Yang nicht erkannt hatte. Sima Qian schreibt über Zhuang Zhou, dass er vielseitig lernte, obwohl er in seinen zentralen Aussagen auf den großen Laozi zurückgriff. Er habe ein Werk in über hunderttausend Worten verfasst, in dem er zahlreiche Parabeln erzählte und die Schüler des Konfuzius verulkte, um gleichzeitig die Künste des Laozi zu erklären. Vieles davon seien leere Reden ohne jeglichen Realitätsgehalt. Er sei aber ein begabter Rhetoriker gewesen, der gut schrieb und die Konfuzianer und Mohisten seiner Zeit so aufs Korn nehmen konnte. Die gewöhnlichen Gelehrten seiner Zeit hätten seiner Kritik nicht entgehen können. Da er aber in seinen Reden luftig und selbstbezogen war, habe keiner der Könige oder sonstigen Großen seiner Zeit ihn gebrauchen können.

Schließlich habe König Wei von Chu gehört, dass Zhuang Zhou eine würdige Person sei, und einen Gesandten mit reichen Geschenken geschickt, um ihn als Kanzler anzuwerben. Doch Zhuang Zhou habe den Gesandten verlacht und gesagt: «Tausend Goldstücke sind ein wertvoller Gewinn, und Minister oder Kanzler herausgehobene Positionen. Aber kann es sein, dass Sie, mein Herr, noch nicht einen Ochsen gesehen haben, der für das Opferfest vorgesehen ist? Man füttert ihn für mehrere Jahre und kleidet ihn in bestickten Brokat, um ihn schließlich in den großen Tempel zu führen. Wenn er dann auch nur den Wunsch hätte, ein verwaistes Ferkel zu sein, würde man ihm das gewähren? Gehen Sie, mein Herr, beschmutzen Sie mich nicht! Ich möchte doch lieber zu meinem Vergnügen im Matsch plantschen, anstatt von einem, der einen ganzen Staat sein Eigen nennt, im Zaum gehalten zu werden. Ich werde bis zu meines Lebens Ende nicht dienen, um so meiner Sinne froh zu bleiben.»

Solche Anekdoten finden sich auch im *Zhuangzi*-Text, der in dreiunddreißig Kapiteln überliefert ist, an mehreren Stellen. Er spricht über den Fasan, der nicht im Käfig sein möchte, und er wandelt die Geschichte vom Opferochsen ab: Der König von Chu habe zwei Würdenträger zu Zhuangzi geschickt, der gerade beim Angeln war, die ihm mitteilten, der König wolle ihm sein Reich anvertrauen. Zhuangzi jedoch angelte weiter und sprach: «Ich habe gehört, dass es in Chu eine Wunderschildkröte gibt, die bereits dreitausend Jahre lang tot ist. Der König hält sie in seiner Ahnenhalle. Würde diese Schildkröte, anstatt dass man ihren toten Panzer in Ehren aufbewahrt, nicht lieber lebendig ihren Schwanz durch den Schlamm ziehen?» Als die beiden Würdenträger dies zugaben, erwiderte Zhuangzi, dass auch er seinen Schwanz weiter durch den Schlamm ziehen werde.

Schließlich wird im vorletzten Kapitel erzählt: «In Song gab es einen Mann namens Cao Shang (*shang* heißt sinnigerweise «Kaufmann»), der für den König von Song auf Gesandtschaft nach Qin ging. Als er loszog, bekam er mehrere Gespanne mit. Der König [von Qin] aber fand so sehr Gefallen an ihm, dass er sein Gefolge auf hundert Gespanne vergrößerte. Als der Mann nach Song zurückkehrte, suchte er den Zhuangzi auf und sagte: ‹In so einem ärmlichen Viertel und einer schäbigen Gasse wohnen, elendiglich Not leiden und Strohsandalen tragen, den Nacken starr und das Gesicht gelblich – das ist nichts für mich. Meine Stärke ist es, den Herrscher über zehntausend Streitwagen zu erleuchten und selbst ein Gefolge von hundert Streitwagen zu haben.› Zhuangzi antwortete: ‹Wenn der König von Qin krank ist, dann ruft er seinen Arzt, der ihm Eiterbeulen aufsticht oder Furunkel aufschneidet. Der bekommt dafür ein Gespann. Wer aber seine Hämorrhoiden leckt, der bekommt fünf Gespanne. Je niedriger sich der Ort befindet, an dem etwas verrichtet wird, desto mehr Gespanne gibt es. Mein Herr, Sie haben ihm doch wohl nicht etwa die Hämorrhoiden gerichtet, dass Sie so viele Wagen erhalten haben? Gehen Sie!›»

Der *Zhuangzi*-Text gibt sich alle Mühe, den Verdacht zu zerstreuen, Zhuang Zhou sei nicht fähig gewesen, ein Amt anzunehmen. Angesichts des Zustandes der Welt und der schlechten Vorbilder, die er vor Augen hatte, wollte er einfach nicht. Insofern nimmt dieses Werk eine Gegenposition zur weithin bekannten alten chinesischen Philosophie ein. Hier geht es zum ersten Mal nicht um Ratschläge an Fürsten für eine bessere Regierung, sondern darum, wie der Mensch ein besseres Leben führen kann.

Das Buch *Zhuangzi* umfasst heute dreiunddreißig Kapitel, auch wenn Ban Gu in seinem Literaturkatalog, in dem er es unter der Rubrik der Daoisten aufführt, von zweiundfünfzig Kapiteln spricht. Natürlich gibt es Versuche, diese unterschiedlichen Zahlen zu erklären. Manche Spezialisten meinen, dass der *Zhuangzi* von seinem ersten wichtigen Kommentator Guo Xiang (gest. 312 n. Chr.) gekürzt worden sei. Andere sind der Ansicht, dass Ban Gu einen in Teilen gänzlich anderen *Zhuangzi* vor sich hatte als wir, wieder andere, dass die dreiunddreißig Kapitel einfach eine neue Anordnung des alten Materials sind. Einhellig einer Meinung sind alle Wissenschaftler, die sich philologisch mit dem *Zhuangzi* auseinandergesetzt haben, dass nur kleinere Teile des Textes auf Zhuangzi selbst zurückgehen. Darüber aber, wie die Textgeschichte sonst einzuschätzen ist, sind die Ansichten geteilt. Immerhin besteht ein weitgehender Konsens darüber, dass der Text über den Zeitraum von etwa zweihundert Jahren, also bis weit ins zweite Jahrhundert vor unserer Zeit, entstanden ist. Das schließt allerdings nicht aus, dass einzelne Anekdoten und Parabeln auch erst danach und schon unter buddhistischem Einfluss im ersten und zweiten Jahrhundert unserer Zeitrechnung verfasst worden sein könnten.

Sieben Kapitel sind in einer Sektion mit dem Titel «Innere Kapitel» enthalten, fünfzehn in den «Äußeren Kapiteln» und elf in den «Vermischten Kapiteln». Sima Qian nennt einige Titel von Kapiteln, die er gelesen hat, drei davon aus den hinteren «Vermischten Kapiteln» und eins aus den «Äußeren Kapiteln». Über die «Inneren Kapitel», von denen die meisten Wissenschaftler annehmen, dass sie den ursprünglichen *Zhuangzi* darstellen, spricht er nicht. Das hat zu der nicht zu entscheidenden Frage geführt, ob er den *Zhuangzi* in der heutigen Form überhaupt kannte. Diese Frage ist für die Datierung des *Zhuangzi* und damit für sein Verständnis im historischen Kontext nicht unerheblich. Auf der anderen Seite zeigen die gerade zitierten Textstellen zur Ablehnung des Amtsdienstes, die sicher aus unterschiedlichen Textschichten stammen, dass die in diesem Buch erörterten Probleme zeitlos sind.

Der *Zhuangzi* ist ohne Zweifel ein daoistischer Text, aber seine Haltung zu Konfuzius ist nicht so eindeutig, wie dies die Aussage des Sima Qian nahelegt, die er anscheinend auf der

Basis derjenigen Kapitel gemacht hat, deren Titel er dem Leser nennt. Darunter findet sich zum Beispiel das berühmte, aber vermutlich in seiner narrativen Form verhältnismäßig späte Kapitel vom Gespräch zwischen Konfuzius und dem Räuber Zhi, in dem sich Konfuzius aufmacht, um den Räuber zum Guten zu bekehren. Als der Meister eintrifft, verspeist der Räuber gerade eine Menschenleber und droht dem «gekünstelten, falschen Mann aus Lu Konfuzius», dass er auch seine Leber verspeisen werde. Er macht dem Konfuzius klar, dass er sich auf seine Tugenden nichts einzubilden habe, denn die Konfuzianer äßen, ohne zu ackern, und kleideten sich, ohne zu weben. Der Vorwurf ähnelt demjenigen, der dem Mengzi von einer Seite gemacht wird, die möglicherweise mohistisch beeinflusst ist. Interessanterweise zitiert der Räuber Zhi außerdem denselben Ursprungsmythos, den wir schon bei Shang Yang kennengelernt haben: Ursprünglich kannten die Menschen demnach ihre Mutter, aber nicht ihren Vater. Anders als Shang Yang meint er allerdings, dass dieser Zustand positiv gewesen sei.

Räubermoral taucht auch an anderer Stelle im *Zhuangzi* als Korrektiv zum Konfuzianismus auf. Im selben Kapitel fragt ein Schüler des Konfuzius einen Räuber, ob er sich nicht zu einem anständigen Lebenswandel bekehren wolle. Daraufhin klagt dieser, dass man auf der Welt die kleinen Räuber festnehme, die großen aber, die einen Fürsten morden und einen ganzen Staat stehlen, hofiere. Das erinnert an eine Stelle im zehnten Kapitel, das Sima Qian ebenfalls nennt. Hier heißt es: «Wer einen Haken stiehlt, wird hingerichtet, wer einen Staat stiehlt, wird Lehnsfürst.»

Noch weiter geht Zhuangzi in den «Vermischten Kapiteln» im Kapitel «Äußere Dinge». Hier parodiert er die konfuzianische Manie, alle Handlungen mit Zitaten aus den kanonischen Schriften zu begleiten, und dafür sogar alte Lieder neu zu erfinden: «Konfuzianer raubten anhand von Liedern und der Sitte ein Grab aus: Der Oberkonfuzianer kommandierte: ‹Im Osten bricht der Morgen an, wie steht's mit der Arbeit?› Der Unterkonfuzianer antwortete: ‹Wir haben Jacke und Hemd noch nicht offen, im Mund hat er eine Perle. In den Liedern steht doch wahrlich schon: ‹Es wächst das Gras so grün, so grün. Auf Gräberhügeln Blumen blüh'n. Wenn du im Leben nicht wohl getan, was nützen dir Perlen im Grabe dann?›› Mit diesen Worten fasste er den Leichnam mit der einen Hand am Kopfhaar und mit der andern Hand am Kinnbart, und der Konfuzianer hämmerte ihm mit einem metallenen Hammer den Mund auf. Ganz sachte und langsam öffneten sie die Kiefer, damit die Perle im Mund nicht beschädigt werde.» (Die Übersetzung ab dem Gedicht ist, ganz leicht abgewandelt, Richard Wilhelms meisterlicher Übertragung des *Zhuangzi* entnommen.)

In zahllosen Abschnitten der großenteils später entstandenen «Äußeren» und «Vermischten Kapitel» des *Zhuangzi* wird Konfuzius als ein gelehriger Schüler des Laozi dargestellt, als ein Anhänger von Lehren, die die Nachwelt als daoistisch eingestuft hat, oder aber als ein Mann, der sich am Ende seines Lebens zu diesen Lehren bekehrt hat. Der *Zhuangzi* ist der erste Text, in dem uns Laozi entgegentritt, in den «Inneren Kapiteln» übrigens nur an zwei Stellen, die gut späte Zusätze sein können. Das ist auch der Grund, warum in unserer Darstellung der chinesischen Philosophie Laozi auf Zhuang Zhou folgt und nicht umgekehrt. Dass ein Autor des *Zhuangzi* das *Daode jing* kannte, kann erst aus dem zehnten Kapitel des *Zhuangzi*, also wieder erst aus den «Äußeren Kapiteln», abgeleitet werden, auch wenn Textfunde der chinesischen Archäologie – sofern sie richtig datiert sind – nahelegen, dass der Text am Ende des vierten Jahrhunderts, zu Lebzeiten des Zhuang Zhou, schon recht vollständig vorgelegen haben müsste.

Trotz aller Kritik und Parodie ist die Haltung des Zhuang Zhou gegenüber Konfuzius nicht eindeutig. Mehrere traditionelle Gelehrte haben schon vor Jahrhunderten darauf hingewiesen, dass das Kapitel über den Räuber Zhi nicht von Zhuangzi stammen kann. Konfuziusschüler tauchen immer wieder als Befürworter der daoistischen Lehren auf. Sima Qian schreibt, dass der Konfuzianer Xunzi über solche «gewöhnlichen Konfuzianer» wie Zhuang Zhou geschimpft habe. Zhuang Zhou wird hier offenbar als Gefolgsmann des Konfuzius verstanden.

Die Meinungen über die Lehren des Meisters dürften unter

dessen Schülern vor der Han-Zeit sehr weit auseinandergegangen sein. Auch in den hinteren Kapiteln der *Gespräche des Konfuzius* stehen übrigens Anekdoten, die Kritik an Konfuzius zu üben scheinen beziehungsweise an Zhuangzi erinnern. In einer Episode klärt ein vermeintlich «Verrückter» aus dem Südstaat Chu den Konfuzius über die Vergeblichkeit seines Tuns auf. Solche Anekdoten legen nahe, dass zur Entstehungszeit der *Gespräche* die Trennung zwischen Konfuzianern und Daoisten noch längst nicht so scharf war, wie es uns Ban Gu glauben machen möchte.

Sprachlich gibt es eine Reihe von Ähnlichkeiten zwischen dem *Zhuangzi* und dem *Mengzi*. Wie im *Mengzi* finden wir auch im zwölften Kapitel des *Zhuangzi* das Gleichnis, dass der Versuch, Schalen aus dem Holz eines Baumes zu machen, damit zu vergleichen sei, dass der Mensch seinem eigenen Wesen Schaden zufügt. Das Kapitel äußert gleichzeitig Kritik an Yang Zhu und den Mohisten. Diese Nähe findet sich allerdings nur in einer kurzen Sequenz von Kapiteln, von denen allgemein angenommen wird, dass sie erst um 200 v. Chr. entstanden sind. Inhaltlich sind die Differenzen zum *Mengzi* groß. In den «Inneren Kapiteln» geht es Zhuangzi um die Relativität aller Dinge und darum, dass die Sichtweisen sich ändern, wenn die Perspektive eine andere ist. Berühmt ist die Anekdote, in der Zhuangzi von einem Schmetterling träumt und dann nicht mehr weiß, ob er vom Schmetterling träumt oder dieser von ihm. Gleichzeitig diskutiert er die Relativität des Begriffs der Nutzlosigkeit und zeigt, dass für nutzlos gehaltene Dinge in neuen Kontexten plötzlich Nutzen entfalten können, oder aber, dass nutzlose Wesen in schlechten Zeiten leichter überleben: Bäume zum Beispiel, die krumm gewachsen sind, werden nicht gefällt.

Ein Kapitel widmet sich der menschlichen Verkrüppelung. Auch hier geht es Zhuangzi darum, herauszustellen, dass ein offensichtlicher Makel sich leicht am Ende als Vorteil erweisen kann. Konfuzius erscheint in dem Kapitel in zweierlei Form: Als Tollpatsch, der einem Krüppel namens Meister Zehenlos Vorwürfe wegen seiner früheren Missetaten macht – sonst hätte man ihn nicht mit einer Verstümmelungsstrafe belegt. Konfuzius muss seinen Fehler schnell einsehen, doch Zehenlos geht zu Laozi und erzählt ihm von der Begegnung mit dem Meister und dass er ihn bemitleide, weil Konfuzius in den Fesseln der Konventionen gefangen sei. Als Laozi ihn fragt, warum er ihn denn dann nicht von seinen Fesseln befreit habe, indem er ihm von der Einheit von Leben und Tod erzählte, antwortet Zehenlos: «Wenn der Himmel ihn mit einer Buße belegt hat, wie sollte er da befreit werden?»

Wir sehen eine interessante Reprise des Themas von der Relativität der Dinge im siebzehnten Kapitel, in dem es um die «Herbstfluten» geht. Zhuangzi lässt hier den Gott des Nordmeeres zum Flussgott von der Begrenztheit der Perspektive des Brunnenfrosches sprechen, weil dieser von den Weiten des Meeres nichts sehen kann. Beschränktheit und die Grenzen der Möglichkeiten des eigenen Lebens sind ein Thema, das auch an anderer Stelle im *Zhuangzi* eine wichtige Rolle spielt. Hier wird es in der letzten Anekdote um den Gedanken der Freiheit bereichert, den das Buch implizit äußert. Am Ende des Kapitels wird berichtet, wie Zhuangzi und sein Gesprächspartner Huizi auf einer Brücke über einem Bach stehen. Als die beiden zusehen, wie die Fische aus dem Bach springen, ruft Zhuangzi aus, dies sei die Freude der Fische – und es ist recht eindeutig, dass er damit meint, dass die Fische im Wasser frei von Beschränkungen sind.

Eine Besonderheit des Zhuangzi ist die Tatsache, dass er sich in den beiden letzten «Inneren Kapiteln» mehr Gedanken über das Thema vom Ursprung der Welt und der Dinge und von der Transzendenz macht, als dies in der chinesischen Philosophie sonst üblich ist. Mehrere Dialoge dieser Kapitel handeln vom Tod und vom Umgang mit ihm. Einige Abschnitte sprechen von dem, der «die Dinge schafft» (*zao wu zhe*) oder die «Wandlungen schafft» und uns mit unserem Leib ausstattet. Dieser wird auch als der «Große Schmied» bezeichnet, der in der Welt Dinge formt, und als großer Erdenkloß, «der uns mit einer Gestalt ausstattet, uns mit einem Leben müht, uns durch das Alter Muße gibt und uns ruhen lässt im Tod». Der Erdenkloß wird dann später als die große Natur aufgefasst werden, das Von-selbst-so-Seiende (*ziran*). Dieser Gedanke ist aber im *Zhuangzi* selbst noch nicht ausformuliert.

Der Leser kann nicht umhin, hier einen fast personalisierten Schöpfer zu erkennen, der an die monotheistischen Religionen des Westens erinnert. Das Thema ist späteren Jahrhunderten in China kaum noch präsent und unterscheidet den *Zhuangzi* auch von den anderen philosophischen Schulen und Texten seiner eigenen Zeit. In den letzten äußeren Kapiteln des *Zhuangzi* wird der Tod und der Umgang mit ihm in anderer Form thematisiert. Das ganze achtzehnte Kapitel, das den Titel «Höchste Freude» trägt und bezeichnenderweise an den Dialog über die «Freude der Fische» direkt anschließt, beschäftigt sich mit diesem Gedanken. Zum Teil wird dabei die Transformation aller Dinge in einer Weise formuliert, die sehr an die Lehren des Buddhismus gemahnt, der in China nach traditioneller Lehre erst im ersten Jahrhundert unserer Zeitrechnung Fuß fassen konnte.

An buddhistische Gedanken erinnern übrigens auch die ersten Abschnitte des neunzehnten Kapitels über das «ungehinderte, freie Leben». Gleich zu Beginn fordert der Text dazu auf, sich mit nichts abzugeben, was mit dem Leben nichts zu tun hat. Andererseits bietet das Kapitel zahlreiche Beispiele für die Einheit mit dem Dao, dem rechten Weg, die zu schlafwandlerischer Beherrschung einer Profession führt. Damit schließt das Kapitel inhaltlich an das dritte Kapitel an, in dem in unnachahmlicher Weise die Geschichte vom Koch erzählt wird, der in neunzehn Jahren die Klinge seines Messers nicht wetzen oder erneuern musste, weil er die Kunst verstand, einen Ochsen so zu zerteilen, dass das Messer nirgendwo auf Widerstand traf. Der rechte Weg ist auch in den *Gesprächen des Konfuzius*, im *Mengzi* oder im *Buch des Herrn von Shang* ein zentraler Begriff, aber erst im *Zhuangzi* wird er von einer inhaltlich wenig gefüllten «Methode der Regierung» oder dem «Wandel des Untertanen oder Volkes» zu einem mit philosophischem Inhalt gefüllten, gedanklich nur schwer fassbaren Wort, das unserer Vorstellung von «Kunst» vergleichbar ist.

Laozi und das *Daode jing*

In den «Inneren Kapiteln» des Zhuangzi finden sich vereinzelt Anekdoten, die von einem Mann namens Lao Dan handeln. Dieser wurde später mit dem Laozi identifiziert, der traditionell als Autor der *Schrift von Weg und Tugend* (*Daode jing*) gilt. Doch das *Daode jing* selbst wird erst ab dem wohl relativ spät entstandenen zehnten Kapitel im *Zhuangzi* zitiert, ohne dass dort der Titel des Textes genannt wäre. Erst mit den wahrscheinlich Han-zeitlichen Kapiteln wird die Nennung des Lao Dan häufiger. Das hat zu der Theorie geführt, dass es einen Autor namens Lao Dan oder Laozi gar nicht gegeben habe und dass der im *Zhuangzi* genannte Lao Dan erst nach der Formierung des Daoismus als eigenständiger Denkschule dieser Tradition als Ahnherr vorangestellt worden ist. Im *Zhuangzi*, aber auch an anderen Stellen der alten Literatur ist davon die Rede, dass Konfuzius Laozi besucht habe und von ihm belehrt worden sei.

Der Text des *Daode jing* ist mehrfach in Gräbern des Altertums gefunden worden. Schon in den 1970er Jahren fand sich im Grab von Mawangdui, das auf den Anfang des zweiten Jahrhunderts vor unserer Zeit datiert wird, ein Seidenmanuskript, auf dem sich ein mit der heutigen Fassung weitgehend identischer Text befand. In den 1990er Jahren wurden Bambusstreifen gefunden, die auf die Zeit um 300 vor unserer Zeit datiert werden. Sie waren ebenfalls mit einem größeren Teil des *Laozi*-Textes beschrieben, wobei hier die Reihenfolge der Kapitel gänzlich anders war als bisher bekannt.

Die Gedanken des *Daode jing* stellen sich erheblich anders dar als die bisher behandelten Texte. Das mag zum Teil daran liegen, dass sich das Werk aus gereimten Strophen zusammensetzt, die in der heutigen Version auf zwei Bücher verteilt sind, die Schrift vom Weg (*Dao jing*) und die Schrift von der Tugend (*De jing*). Die beiden Bücher wiederum bestehen aus insgesamt 81 Abschnitten, die in mehrere Strophen gegliedert sind. Schon der in Mawangdui gefundene Text ist in diese beiden Bücher gegliedert. Dies macht das Werk zum ersten, das einen eigenen Titel hat und nicht nur nach einem Autor benannt ist.

Der Begriff des «Weges» *(dao)* ist seit Zhuangzi mit unserem Begriff der «Kunst» verwandt und an zwei Stellen des *Zhuangzi* mit dem Wort «wundersam» gepaart, das in späterer Zeit auch die Idee von «Genialität» vermittelt. Im *Daode jing* wird *dao* ebenso zum Gegenstand philosophischer Betrachtung wie der chinesische Begriff *de*. Dieser wird meist in Anlehnung an den alten lateinischen Begriff *virtus*, der noch ohne die christliche Moral auskommt, mit «Tugend» übersetzt. Im *Daode jing* ist der Weg zunächst ein unsagbarer Weg, der Anfang von Himmel und Erde und die Mutter aller Dinge. Wo die «Inneren Kapitel» des *Zhuangzi* wenigstens ein Schöpferprinzip annahmen, wenn nicht gar tatsächlich einen Schöpfer, ist das *Daode jing* ganz abstrakt. Nur wer ohne Begierden ist, kann das Wundersame (*miao*), vielleicht gar das Geniale des Weges erkennen. Dunkel ist er, die Quelle allen Wunders; im *Zhuangzi* ist das «Wundersame» an zwei Stellen ein Beiname des rechten Weges.

«Der rechte Weg bringt das Eine hervor, das Eine bringt zwei hervor, zwei bringen drei hervor, und drei bringen die zehntausend Dinge hervor. Die zehntausend Dinge kehren dem dunklen *yin* den Rücken und umarmen das helle *yang*.» So heißt es im 42. Kapitel. Ein Kommentar aus dem zweiten Jahrhundert schreibt, dass das *dao*, der rechte Weg, dafür sorgt, dass alles, was es hervorbringt, eins ist, dass dieses Eine die beiden Grundprinzipien *yin* und *yang* hervorbringt, die in allen Dingen vorhanden sind, und dass *yin* und *yang* die drei Zustände der Harmonie, der Klarheit und des Trüben hervorbringen, die sich dann auf die Triade Himmel, Erde und Mensch aufteilen. Diese drei wiederum bringen alle Dinge hervor.

Im 25. Kapitel wird das unergründliche *dao* in Form eines Rätsels erkundet, und am Ende heißt es: «Der Mensch nimmt sich den Himmel zum Vorbild, der Himmel nimmt sich das *dao* zum Vorbild, und das *dao* nimmt sich das Von-Selbst-So-Seiende zum Vorbild.» Mit diesem Gedanken wird dem abstrakten *Dao* etwas noch abstrakteres vorangestellt, nämlich das «Von-selbst-so-Seiende», *ziran*, das wörtlich auch mit das «Von-selbst-Brennende» übersetzt werden könnte. Im *Zhuangzi* wird an einer Stelle der Gedanke geäußert, dass der Mensch nur das Reisig bereitstellen könne, das Feuer aber die Flamme allein weitergebe. Im modernen Chinesischen heißt das Wort *ziran* einfach «Natur» bzw. «natürlich», aber im *Daode jing* verknüpft sich mit dem Begriff eine ganz andere Idee: Der Schöpfer, der uns im sechsten Kapitel des *Zhuangzi* begegnet ist, wird zu einem abstrakten So-Sein, das den Dingen eigen ist und nicht mehr weiter erklärt werden muss. Der Gedanke dieses «Von-sich-aus-so-Seins» aller Dinge wird im 64. Kapitel des *Laozi* mit der Idee des «Nicht-Handelns» in Einklang gebracht: Wer herrscht, der passt sich an die natürliche Form der Dinge an und versucht nicht, sie zu ändern, denn das kann nicht gelingen. Der Begriff *ziran* findet sich vereinzelt auch in anderen frühen Texten wie dem notorisch schwer zu datierenden *Zhuangzi*, aber grundsätzlich ist dies eine der zentralen Schöpfungen, welche die chinesische Philosophie dem *Laozi* verdankt.

Einer alten Volksetymologie zufolge ist das Substantiv *de* für Tugend vom gleichlautenden Verb *de* abgeleitet, das «bekommen» heißt. Dieser Tugendbegriff ist dem Begriff des Weges in der heutigen Anordnung des Textes untergeordnet: Die Schrift vom Weg kommt vor der Schrift zur Tugend, während in dem alten Text, der im Grab von Mawangdui geborgen wurde, die Reihenfolge umgekehrt ist. Im 38. Abschnitt, dem ersten Abschnitt der Schrift von der Tugend, heißt es:

Höchste Tugend weiß von der Tugend nicht;
Daher gibt es die Tugend.
Niedere Tugend lässt von der Tugend nicht;
Daher mangelt die Tugend.

Höchste Tugend ist ohne Tun;
Ist auch ohne Grund, warum sie täte.
Niedere Tugend tut;
Hat auch einen Grund, warum sie tut.

Höchste Menschlichkeit tut,
Aber ohne Grund, warum sie tut.
Höchste Rechtlichkeit tut,
Doch *mit* einem Grund, warum sie tut.

Höchste Sittsamkeit tut;
Und wenn ihr niemand erwidert,
Zwingt sie die anderen mit aufgekrempelten Ärmeln.

Wahrlich: Wer den *Weg* verliert,
Ist nachher tugendhaft.
Wer die Tugend verliert,
Ist nachher gerecht.
Wer die Rechtlichkeit verliert,
Ist nachher sittsam.

Wohl! Die Sittsamkeit
ist eine Verkümmerung von Lauterkeit und Treue;
Des Haders Anfang ist sie. ... (Übersetzung G. Debon)

Der Autor dieser Verse schmäht die konfuzianischen Tugenden, die bei der Menschlichkeit beginnen, und zeigt, dass auch die «Tugend» schon eine Form des Rückschritts ist. Wer den Weg hat, der braucht die Tugend nicht. Dennoch wird die Tugend natürlich vielfach gepriesen; anhäufen muss man sie, dann gibt es nichts, was man nicht bezwingen könnte (DDJ 59).

De ist allen altchinesischen Autoren wichtig, auch wenn das *Buch des Herrn von Shang*, in dem von «Tugend» noch sehr wenig die Rede ist, betont, dass Tugend aus Gewalt entsteht, die wiederum Autorität als Basis der Tugend hervorbringt, und gleichzeitig vor denen warnt, die im Privaten Tugend walten lassen. Gemeint ist dabei, dass Menschen gefährlich sind, die in der Lage sind, andere mit ihrer Ausstrahlung oder ihrem Charisma an sich zu binden. Häufig ist mit einer tugendhaften Persönlichkeit ein Mensch mit Charakterstärke gemeint, dessen Persönlichkeit andere beeinflusst. «Tugend», das ist vielerorts auch «Potenz» oder «Haltung», so wie *virtus* im Lateinischen auch «Stärke» bedeutet.

Dies stimmt stark mit der Idee des Laozi überein, dass der Herrschende die Würdigen, diejenigen, die über Klugheit und Ansehen verfügen, nicht bevorzugen darf, damit das Volk nicht streitet (DDJ 3). *De* kann in manchen alten Texten auch einfach bedeuten, materielle Wohltaten zu verteilen, was ebenfalls zu dem Ergebnis führt, dass man sich Menschen ergeben und loyal macht. Dreimal spricht das *Daode jing* von der «mysteriösen» oder «dunklen Tugend», die erreicht, wer sich wieder zum Säugling machen kann, wer ohne Wissen sein kann, wer etwas hervorbringt und hütet ohne Besitzanspruch, vorsteht ohne Kontrolle (DDJ 10, 51). Wer dunkle Tugend hat, der macht das Volk nicht klug, sondern dumm, denn ein Volk, das zu viel weiß, ist schwer zu regieren (DDJ 65).

> Deshalb des Weisen Regierung: Er leert ihren Sinn
> Und füllt ihren Bauch. Er schwächt ihren Willen
> Und stärkt ihre Knochen. Ewig lässt er das Volk
> Ohne Wissen, ohne Begehren. Und wirkt, dass die Klugen
> Nicht wagen zu tun.
>
> Tut er das Ohne-Tun,
> Ist nichts, das nicht regiert würde.
> (DDJ 3, Übers. G. Debon, leicht geändert)

An diesen Stellen zeigt sich, was im Laufe der chinesischen Geistestradition später immer wieder zum Vorschein kommt: die Nähe daoistischer zu legalistischen Gedanken, zur Kunst, wie der Herrscher vollkommene Kontrolle erlangt. Auch die berühmte Lehre vom «Ohne-Tun» oder «Nicht-Handeln», die im dritten Abschnitt des Textes erstmals formuliert wird, die Idee, dass das Schwache letztlich das Starke besiegen wird, nimmt hier ihren Ausgang. Berühmt geworden ist die Utopie vom kleinen Staat, in dem Frieden und Wohlstand herrschen und die Menschen zwar den Nachbarort in solcher Reichweite haben, dass sie Hundegebell und Hahnenschrei hören, aber niemals dorthin gehen, weil sie es nicht nötig haben (DDJ 80). Auch sie passt in einen legalistischen Zusammenhang.

Xunzi: Die Kultivierung des Menschen

Der Letzte der großen Gelehrten, die sich an der Jixia-Akademie aufhielten, soll Xun Kuang (auch: Xun Qing, Xunzi) gewesen sein, dessen Biographie einige Rätsel aufgibt. Jedenfalls scheint klar, dass er in der Mitte des dritten vorchristlichen Jahrhunderts wirkte. Sein Todesdatum dürfte um das Jahr 230 v. Chr. liegen, auch wenn Sima Qian bemerkt, dass aufgrund des Todes anderer Gelehrter Xun Kuang zur Zeit des Königs Xiang von Qi (reg. 283–265) der wichtigste Lehrer gewesen sei. Er habe ein Amt in Qi gehabt, sei aber verleumdet worden, dann nach Südchina gegangen, dort aber 238 nach dem Tod seines Förderers als Privatier geblieben. Der legalistische Kanzler des späteren Reichseinigers Qin Shihuang habe bei ihm studiert. Xunzi aber habe die Regierung eines trüben Zeitalters und die Pedanterien der gewöhnlichen Konfuzianer kritisiert und ein Werk mit einigen Hunderttausend Wörtern verfasst.

Im Literaturkatalog der *Dynastiegeschichte der Han* findet sich ein Eintrag, in dem Xunzi ein Werk in 33 Kapiteln zugeschrieben wird. Überliefert ist heute ein Werk in 32 Kapiteln, das ganz wie die *Gespräche des Konfuzius* mit einem Kapitel über die Notwendigkeit des Lernens beginnt und ebenfalls wie dieses mit einem Kapitel über «Fragen an den mythischen Kaiser Yao» endet.

Der Text folgt einem klaren Aufbau: Er fordert den Einzelnen zum Lernen auf, trägt ihm dann die Pflicht zur Selbstkultivierung auf und lässt ein Kapitel über Achtsamkeit folgen. Im vierten Kapitel geht es um Ruhm und Schmach und die Warnung, dass Hochmut vor dem Fall kommt. Das fünfte Kapitel streitet gegen die zeitgenössische Sitte, aus der Physiognomie eines Menschen seine Charaktereigenschaften herauszulesen, denn die Qualitäten eines Menschen seien nicht an Äußerlichkeiten festzumachen. All das dient der Etablierung des Ideals vom kultivierten «Edlen» gegenüber dem geringen Menschen. Wo Zhuangzi und Laozi die Anpassung und die Einfachheit gepredigt und Idealvorstellungen wie den «Höchsten» oder den «Wahren Menschen» vorgestellt hatten, spricht Xunzi vom

«Edlen», der an sich arbeiten muss und dessen Fernziel es gar sein kann, ein «Weiser», *shengren,* zu werden.

Kapitel sechs bis acht bilden die nächste Einheit. Zunächst wendet sich Xunzi gegen die «zwölf Meister», unter anderem seinen konfuzianischen Vorgänger Mengzi, um im siebten Kapitel das Bild des Konfuzius und seiner echten Schule dagegenzusetzen, die bestimmten Herrschaftsmodellen nicht folgten. Im achten Kapitel schließlich preist Xunzi gute Konfuzianer und ihre Qualitäten als Berater für künftige Herrscher. Die Kapitel neun bis sechzehn beschäftigen sich dementsprechend mit verschiedenen Aspekten der guten Regierung des Staates. Sie handeln von der königlichen Regierung, der Bereicherung des Staates, vom Unterschied zwischen gutem König und bloßem Hegemon, vom Weg des Fürsten und vom Weg des Staatsdieners hin zum Militär, vom Sieg durch Menschlichkeit und schließlich von den Stärken des Staates.

Genau in der Mitte des Werkes steht in der dritten Abteilung des Textes ein theoretischer Essay über den Himmel, dann eine Richtigstellung falscher Ansichten im Reich, Essays über Riten und Musik und schließlich über das in den *Gesprächen des Konfuzius* mit diesem assoziierte Thema der Richtigstellung der Bezeichnungen. Darauf folgt das berühmte Kapitel über die Schlechtigkeit des menschlichen Wesens, an das sich als Gegensatz Ausführungen über den «Edlen» anschließen. Hier hat eine ordnende Hand gewirkt, so dass die philosophisch zentralsten Kapitel auch an zentralster Stelle im Werk stehen. Gereimte und gedichtete Kapitel über den Weg des Kanzlers und konfuzianische Tugenden sowie eine zusammenhanglos wirkende Sammlung von kurzen Sinnsprüchen bilden zusammen mit den fünf letzten Kapiteln, die sämtlich nach verschiedenen Themen geordnete konfuzianische Anekdoten enthalten, die vierte und letzte Einheit des *Xunzi*-Textes.

Formal erstaunt am Buch *Xunzi* die Strenge, mit der erstmals in der Geschichte der chinesischen Philosophie in langen Essays ausführliche Argumentationen geboten werden. Das gab es in den früheren Werken, in denen Formen von Kurzprosa dominierten, noch nicht. Inhaltlich schließt das Werk an alle anderen früheren Schulen an, entweder indem es alte Fäden aufgreift oder indem es sich von früherem Denken klar abgrenzt. Während Zhuangzis Gedanken in Texten der kommenden Jahrhunderte kaum bekannt gewesen zu sein scheinen und deshalb spekuliert wurde, dass Manches erst spät zusammengetragen worden sei, hat Xunzi auf das Denken der frühen Han-Zeit erheblichen Einfluss ausgeübt. Für Vieles, was folgt, ist er prägend gewesen, in Manchem ist sein Denken eine Summe und zugleich eine Weiterentwicklung des Vorherigen gewesen. Sprachlich scheint *Xunzi* zwischen Werken wie dem *Mengzi* und dem frühen *Zhuangzi* einerseits und den späten *Zhuangzi*-Kapiteln andererseits zu stehen. Manche Wortzusammensetzungen wie «Form und Gestalt» (*xingti*), die für spätere Texte der altchinesischen philosophischen Tradition charakteristisch sind, scheint er zu kennen, andere, wie das Kompositum «Wesen und Veranlagung» (*xingqing*) oder «Wesen und Bestimmung» (*xingming*), sind ihm noch weitgehend fremd.

Obwohl Xunzi immer wieder vom Himmel spricht, ist seine Philosophie ganz auf den Menschen ausgerichtet. Sie berührt sich mit wichtigen Kapiteln des *Buchs der Riten* darin, dass Xunzi den Menschen und speziell den Edlen in den Mittelpunkt aller Überlegungen stellt. Während Mozi den Gedanken der Theodizee formuliert – der Himmel will das Gute –, sagt Xunzi zu Beginn seiner Erörterungen über den Himmel: «Der Wandel des Himmels hat seine Regeln, die nicht für einen [guten] Herrscher Yao bestehen und nicht für einen [schlechten] Herrscher Jie vergehen. Wer ihm mit Ordnung begegnet, dem blüht Heil, wer ihm mit Aufruhr begegnet, dem blüht Unheil.» Der Himmel ist unbestechlich, allein im menschlichen Handeln liegen die Ursachen für Heil und Unheil. Der Edle überprüft sein Verhalten an den Funktionsweisen von Himmel und Erde, er trachtet danach, wie es immer wieder heißt, eine Dreiheit mit ihnen zu bilden. Das findet sich genau so im Kapitel von «Mitte und Ausgewogenheit» – oder, wie Richard Wilhelm übersetzte, von «Maß und Mitte» (*Zhongyong*) – des *Buchs der Riten*, das wahrscheinlich gleichzeitig entstanden ist und in dem ebenfalls die Tugend der Aufrichtigkeit erörtert wird. Erwähnt wird im *Buch der Riten* auch die Aufforderung, die sich bei *Xunzi* im dritten Kapitel findet, der Edle möge Acht geben auf sein Allein-Sein, vielleicht auch: auf seine Fähigkeit, sich ein alleiniges Urteil zu bilden. Das impliziert auch die Notwendigkeit dazu, denn wer im Inneren aufrecht ist, bei dem zeigt sich das auch in der äußeren Gestalt.

Im Kapitel von «Maß und Mitte» des *Buchs der Riten* heißt es: «Das, was vom Himmel bestimmt ist, heißt das Wesen. Dem Wesen zu folgen heißt rechter Weg, und den rechten Weg zu pflegen heißt Unterweisung. Den rechten Weg, den dürfen wir nicht einen einzigen Moment verlassen. Könnten wir ihn verlassen, dann wäre das nicht der rechte Weg. Deshalb ist der Edle gewarnt, darauf zu achten, was er nicht sieht, und furchtsam zu sein demgegenüber, was er nicht hört. Nichts ist deutlicher als das, was verborgen ist, und nichts ist offensichtlicher als das, was winzig ist. Deshalb achtet der Edle auf sein Allein-Sein!» Die letzte Formel über die Bedeutung des «Allein-Seins» wird im *Buch der Riten* dreifach wiederholt. Sie entstammt derselben Gedankenwelt wie der *Xunzi*-Text: Der Einzelne hat achtsam zu sein auf das, was er tut, auf das, worin er sich selbst und niemandem anderen gegenüber verantwortlich ist, aber auch auf das, was um ihn herum vorgeht.

Dass es den weisen Menschen besonders auszeichnet, Dinge zu sehen, die gerade erst dabei sind, aus Keimen zu sprießen, wurde in der Folgezeit zu einem chinesischen Allgemeinplatz. In legalistischen Texten finden wir immer wieder die Betonung dieser Eigenverantwortlichkeit in der Entscheidung (*duduan*), welche die Prärogative des Herrschers ist. Im *Xunzi* und im *Buch der Riten* wird das verallgemeinert auf den Edlen, der auch ein Berater sein kann, und in mehreren Kapiteln des *Xunzi* wird dem Herrscher sogar explizit davon abgeraten, «einsame» Entscheidungen zu treffen: Er braucht Berater, aber solche, die gelernt haben, mit sich selbst abzumachen, wo sie von außen beeinflusst und was ihre genuin eigenen Gedanken sind.

Xunzi ist der erste Denker, der in China den später vielfach wiederholten Gedanken äußert, dass der Mensch die Krone der Schöpfung sei. Innerhalb der Triade Himmel, Erde und Mensch gibt er, wenn er den Lauf der anderen beiden Teilhaber verstanden hat, den Ton an. Der Himmel ist zur Natur degradiert, er bestimmt nur insoweit, als es unklug wäre, sich gegen seinen Lauf zu stellen. Der Grund, warum der Mensch allen anderen Lebewesen überlegen ist, liegt darin, dass er alle geistigen und sensuellen Fähigkeiten auf sich vereinigt, über die die anderen Wesen immer nur zu einem Teil verfügen. Ein ebenfalls ganz neues zentrales Element ist dabei, dass Xunzi den alten Begriff des Göttlichen (*shen*) in die menschliche Kapazität des Geistigen umdeutet. Götter hat es im Altertum – aber im Volksglauben auch bis in die Neuzeit – in großer Zahl gegeben. Bei Xunzi tauchen sie nicht auf. Stattdessen spricht er in seinem zentralen Himmelskapitel vom natürlichen Lauf der Sterne, von Sonne und Mond, den vier Jahreszeiten, von Wind und Wetter, von denen «die zehntausend Wesen sämtlich Harmonie erhalten, von der sie leben, und sämtlich Nährung, durch die sie vollkommen werden. Ohne dass man ihr Wirken sähe, sieht man ihre Ergebnisse – und dies heißt ‹göttlich›.» Dem wird der Weise gegenübergestellt, der allein weiß, wie man ähnlich im Reich agiert.

Diesen Gedanken treibt der militärtheoretische Traktat des *Sunzi* noch weiter, in dem es heißt: «Für die Truppen gibt es keine ständige Position, so wie es für das Wasser keine beständige Gestalt gibt. In der Lage zu sein, sich an die ständigen Veränderungen zu halten und dadurch den Sieg zu erzielen, das nennen wir ‹göttlich›.» Natürlich ist es nicht leicht, «göttlich» oder «geistig» zu handeln, aber es ist eine Fähigkeit, die im Bereich des Menschlichen liegt. «Göttlich» zu sein, das bedeutet die Dinge in seinem Sinne verändern zu können, als bedürfe es dazu keiner Kraft.

Eng verbunden mit dem Gedanken, dass der Mensch eine Dreiheit mit Himmel und Erde bildet, ist im *Xunzi* das Ziel, noch über die menschliche Göttlichkeit hinaus zu «Göttlicher Klarheit» (*shenming*) durchzudringen: «Häufst an du Gutes, bildest Tugend aus, so stellt sich Göttliche Klarheit von selbst ein – und das Herz eines Weisen ist auch schon da», so heißt es im ersten Kapitel «Überredung zum Lernen», und fast so lautet der Satz in Kombination mit der Dreiheit mit Himmel und Erde auch im zentralen 23. Kapitel, das von der Schlechtigkeit des menschlichen Wesens handelt. «Deshalb», so schlussfolgert dieses, «ist der Status eines Weisen etwas, das der Mensch durch Anhäufung erreicht.» Stete Übung erbringt ein Resultat, das bei früheren Denkern noch nicht auszusprechen war: Der Mensch versetzt sich in den Stand des Weisen, sein Geist allein ist als Herr des Leibes auch Herrscher über das Göttlich Klare (Kap. 21).

Anders als bei den Daoisten bedarf die Kultivierung des Menschen ständiger Anstrengung, denn Xunzi geht davon aus, dass der ursprüngliche Zustand des Menschen derjenige des Streits ist. Das liegt an der Veranlagung (*qing*) des Menschen bzw. seinem ursprünglichen «Zustand». Die Menschen haben dieselben Anlagen. «Wenn etwas entsteht, ohne dass getan wird, und man etwas erhält, ohne dass man danach gestrebt hat, so bezeichnen wir das als himmlisches (oder: «natürliches») Geschäft ... Wenn jeder weiß, warum etwas entsteht, aber niemand weiß, dass dieses Warum gestaltlos ist, so nennen wir das himmlisches Schaffen ... Wenn das himmlische Geschäft steht und das himmlische Schaffen getan ist, dann steht die Gestalt bereit und der Geist ist geboren. Liebe und Hass, Vergnügen und Zorn, Trauer und Freude sind darin enthalten.» Diese Stelle im Essay über den Himmel ist die Geburtsstunde von etwas, das man im alten China gar nicht erwartet, nämlich des Dualismus von Leib und Seele, besser wohl von Körper und Geist. Dabei ist zu ergänzen, dass der «Körper» nicht einfach nur als ein physisches Phänomen angesehen wird: «Wer aufrichtigen Herzens ist und Menschlichkeit zu wahren weiß, der hat Haltung, und wer Haltung hat, der ist göttlich», heißt es im dritten Kapitel. «Haltung» ist im Chinesischen hier das Wort für den «Körper» oder die Gestalt, «Menschlichkeit» heißt bei Xunzi wohl eher «Sensibilität im Umgang mit Anderen».

Die Menschen leben in Gruppen. Jeder Einzelne strebt aufgrund seiner Veranlagung nach denselben Gütern, von denen es aber immer zu wenige gibt. Eigentlich will jeder die Stellung des Himmelssohnes für sich selbst haben. Das führt zwangsläufig zu Zwist, und deshalb muss ein Herrscher eingesetzt werden, um den Streit zu unterbinden. Hier ist Xunzi in Übereinstimmung mit Shang Yang und mit Mo Di. Der Herrscher (*jun*) ist derjenige, der am besten in der Lage ist, mit der Gruppe (*qun*) umzugehen, so erklärt Xunzi die Hauptfunktion des Herrschers mit einer auf phonetischer Ähnlichkeit basierenden Volksetymologie. Die Könige der Vorzeit schufen die Regeln des höflichen Umgangs und das moralische Rechtsempfinden (*li yi*), um in der Gruppe Unterschiede zu schaffen. Sie waren verantwortlich für die Abstufungen in höhere und niedrigere Stellungen für die Klugen und die Dummen, die Fähigen und die Unfähigen. Der Edle handelt mit Tugend, der Geringe mit Körperkraft, so heißt es bei Xunzi ganz ähnlich wie auch bei Mengzi. Das ist das Prinzip der Arbeitsteilung, das der Fürst beherrschen muss, sonst kann es ihm passieren, dass das Volk ihn stürzt: Der Fürst ist das Boot, das Volk das Wasser. Ist das Wasser ruhig, so trägt es das Boot, gerät es in Aufruhr, dann bringt es das Boot zum Kentern. Alles, was den Menschen verbessert, ist dieser Vorstellung zufolge äußerlich, es ist dem Menschen nicht angeboren, sondern muss ihm beigebracht werden.

Zwei Strömungen verdanken in besonderem Maße ihre Weiterentwicklung den Gedanken des Xunzi: die Namenschule, deren Anhänger von der westlichen Forschung auch als «Rhetoriker», «Sophisten» oder «Logiker» bezeichnet wurden, und der Legalismus, den wir im Zusammenhang mit dem Herrn von Shang bereits kennengelernt haben.

Die Namenschule: Sprache und Ordnung

Ban Gu verweist in seiner kurzen Einschätzung der Vertreter der Namenschule auf einen Ausspruch des Konfuzius, der betont, wie wichtig es sei, dass die Namen oder Bezeichnungen richtiggestellt sind. Denn waren die Bezeichnungen nicht richtig, dann würden die Argumente nicht passen, und wenn die Argumente nicht passten, dann könnten die Angelegenheiten nicht zu einem glücklichen Ende geführt werden (*Lunyu* 13.3).

Als ersten von nur sieben Vertretern der Namenschule führt Ban Gu einen Mann namens Deng Xi an, von dem zwar einige

Textfragmente überliefert sind, über den wir aber sonst nur sehr wenig wissen. Im *Frühling und Herbst des Lü Buwei* (*Lüshi chunqiu*), das der Tradition zufolge von Anhängern des Lü Buwei verfasst wurde, der laut Sima Qian der Vater des Qin Shihuang Di war, heißt es, dass Deng Xi der große Gegenspieler des von Konfuzius gepriesenen Staatsmanns Zichan gewesen sei. Zichan ließ Deng Xi schließlich hinrichten, weil er die Gesetze des Staates dadurch in Unordnung gebracht habe, dass er bei Gericht auf alle Reden intelligente Widerworte fand, so dass schließlich bei dem, «was billig war, und dem, was nicht, keinerlei Unterscheidung mehr war. Wenn zwischen billig und unbillig nicht mehr zu unterscheiden ist, wird bei Belohnungen und Strafen die Strafe, je schärfer sie ausfällt, die Unordnung nur noch mehr verschärfen.»

Interessant ist, dass der Text fortfährt mit den Worten: «Deshalb: Wenn Argumentationen nicht der Vernunft entsprechen (der Ordnung dienen), dann sind sie künstlich, und wenn Wissen nicht der Ordnung dient, dann ist es falsch. Falsche und gekünstelte Personen waren solche, welche die früheren Könige hinrichteten. Die Ordnung (die Vernunft) ist der Ahnherr von richtig und falsch.»

Hier wird ein Begriff *li* eingeführt, der für die spätere chinesische Philosophie von entscheidender Bedeutung ist. *Li* bedeutet «Ordnung» beziehungsweise – das ist philologisch kaum zu entscheiden – Vernunft oder Ratio, wie die Jesuiten, die ersten europäischen Übersetzer chinesischer Texte, ihn durchgängig übersetzten. Der Begriff kommt auch bei Xunzi immer wieder vor, wo allerdings recht klar ist, dass er noch «Ordnung» oder «Muster» meint, nicht etwa «Vernunft» oder «Verstand». Die Ordnung ist bei Xunzi vielfach der «Unordnung» gegenübergestellt. Unordnung und Vernunftwidrigkeit sind im alten chinesischen Denken eng miteinander verwandt, wenn nicht dasselbe.

In diesem Zusammenhang ist ein weiterer Text von Bedeutung, nämlich das häufig als daoistisch-legalistisch klassifizierte *Guanzi*-Konvolut, das sich des Namens eines Staatslenkers aus dem ostchinesischen Qi bedient, der im siebten Jahrhundert vor Christus wirkte. Der Text ist allerdings zum großen Teil aus

Stücken des dritten und zweiten vorchristlichen Jahrhunderts zusammengesetzt. In ihm findet sich eine Textgruppe, die gerne als die «vier Bücher des Guanzi» bezeichnet wird und wahrscheinlich auf die Grenze zwischen den eben genannten Jahrhunderten zu datieren ist. Sie bringt einige Gedanken des *Xunzi* besser auf den Punkt als dieser selbst. Über *li* heißt es dort: «Deshalb bezeichnen die Regeln des sittlichen Zusammenlebens (*li* 1) das, was Ordnung (*li* 2) hat. Ordnung hat die Bedeutung davon, die Zuständigkeitsbereiche [der Menschen] klarzustellen, um damit zu übermitteln, was rechtens ist. Deshalb entspringen die Regeln des sittlichen Zusammenlebens dem, was rechtens ist, und das, was rechtens ist, entspringt dem Gedanken der Ordnung/der Vernunft (*li* 2). Dieser Gedanke der Ordnung/Vernunft wiederum beruht auf dem, was angemessen/geboten ist.» Ob hier gesellschaftliche Ordnung oder aber Vernunft/Verstand gemeint ist, lässt sich auf unserer Textgrundlage kaum entscheiden. Wahrscheinlich ist, dass an beides gedacht ist.

Neben Deng Xi nennt Ban Gu weitere Namen, die für die Namenschule von Bedeutung sind. Einer davon deutet auf die Verwandtschaft dieser Denkrichtung mit den Rhetorikern unter den Diplomaten des ausgehenden vierten und des dritten Jahrhunderts hin, die philosophisch weniger wichtig sind. Genannt werden jedoch auch Gongsun Long und Hui Shi, der wichtigste Gesprächspartner des Zhuang Zhou. Wir kennen Gongsun Long aus verschiedenen alten Texten, in denen er mit seinem wichtigsten Diktum zitiert ist, ein weißes Pferd sei kein Pferd. Die Idee hinter diesem Ausspruch ist offenbar, dass zwischen einer Aussage, die über ein weißes Pferd gemacht wird, und einer Aussage nur über ein Pferd als solches logisch zu unterscheiden ist. Obwohl ein Text, der den Namen des Meisters Gongsun Long trägt, überliefert ist, scheint aus sprachlichen und inhaltlichen Gründen offensichtlich, dass er zu größeren Teilen erst aus viel späterer Zeit datiert, wohl dem fünften oder sechsten Jahrhundert unserer Zeit.

Das Paradoxon vom weißen Pferd taucht auch in mehreren Kapiteln des *Mozi*-Konvoluts auf, die mit «Kanon» überschrieben sind und kurze, sprachphilosophische Sätze enthalten. An dritter Stelle des zweiten Kapitels heißt es: «Die Dinge haben alle denselben Namen: Zwei und Streit, Sohn und Liebe, Essen und rufen, weiß und schauen, schön und grausam, Mann und Schuh.» Ein Erklärungsteil merkt an: «Beide streiten. Nicht beide, zwei. [Also:] Zwei und Streit. Umarmen: Leber und Lunge – Sohn und Liebe... Wenn man bei einem weißen Pferd mehr Wert auf die Tatsache des Weißseins legt, legt man beim Schauen auf das Pferd nicht viel Wert auf das Schauen: Weiß und schauen ...». Was das heißen soll, erschließt sich nicht unmittelbar. Vielleicht versteht man doch so viel, dass sich bei der Nennung eines Wortes eine Assoziation zu jedem anderen denkbaren Wort ergeben kann. An anderer Stelle verwirft der Text die Idee, ein weißes Pferd könne etwas anderes sein als ein Pferd. Die Überlegungen des *Mozi*-Konvolutes sind in der philosophischen Tradition Chinas weitgehend wirkungslos geblieben. Erst im zwanzigsten Jahrhundert hat es Tan Jiefu (1887–1974) unternommen, darin die Anfänge einer altchinesischen Sprachlogik aufzudecken.

Am Beispiel des Pferdes, eines Wertgegenstandes, der nicht überall verfügbar war, hat man also offenbar im alten China Logik gelernt, oder sogar Sprachphilosophie getrieben, obwohl dies in der Folge fast grundsätzlich als überflüssige Spielerei lächerlich gemacht wurde. Vor diesem Hintergrund werden auch komplizierte Überlegungen verständlicher, die in den «Inneren Kapiteln» des *Zhuangzi*-Textes angestellt werden. In dessen zweitem Kapitel heißt es: «Anhand eines Fingerzeigs vermitteln zu wollen, dass dieser Fingerzeig nicht ein Fingerzeig ist, das ist nicht so gut, wie anhand von etwas, das nicht ein Fingerzeig ist, zu vermitteln, dass dieser Fingerzeig nicht ein Fingerzeig ist. Anhand eines Pferdes vermitteln zu wollen, dass dieses Pferd nicht ein Pferd ist, das ist nicht so gut, wie anhand von etwas, das nicht ein Pferd ist, zu vermitteln, dass dieses Pferd nicht ein Pferd ist. Bei Himmel und Erde verhält es sich genauso wie bei diesem Fingerzeig, und bei allen Lebewesen ist es genauso wie bei diesem Pferd.»

Diese Stelle hat schon bei vielen Lesern Verwirrung ausgelöst und ist ein kleiner Beleg dafür, wie schwierig die «Inneren Kapitel» des *Zhuangzi* manchmal sein können. Sie ist sicherlich als Reaktion auf die gewitzten rhetorischen Sprachspielereien zu verstehen, mit denen man Rednern beibringen wollte, wie sie ihr Gegenüber aufs Glatteis führen und auch in aussichtslosen Fällen noch von ihren Gedanken überzeugen konnten. Der Text fährt fort: «Das, was geht, zulassen, und das, was nicht geht, nicht zulassen: Der Weg entsteht erst dadurch, dass wir ihn gehen, und die Dinge sind erst da, wenn wir sie sagen. Warum sind sie? Sie sind, weil sie sind. Warum sind sie nicht? Sie sind nicht, weil sie nicht sind. Die Dinge haben immer etwas, das sie sind, und die Dinge haben immer etwas, das bei ihnen geht. Es gibt kein Ding, das nicht ist, und kein Ding, bei dem nichts geht.» Und so weiter. Der Weg ist das Ziel, die Dinge sind so, wie wir sie sagen, eine Aussage, die vielleicht eine Vorläuferposition zum «Von-selbst-Seienden» ist. Konfuzius sagt in seinen Gesprächen: «Für mich gibt es nichts, das [immer] geht, und nichts, das nie geht.» (*Lunyu* 18.8) Er meint damit, dass sich der Mensch nach den Umständen richten und keine zu strengen Prinzipien im Umgang mit anderen haben sollte, in diesem Falle potentiell Arbeit gebenden Fürsten.

Wichtig ist in diesem Zusammenhang auch der Hinweis des Ban Gu auf Hui Shi, dessen Spitzfindigkeit den Zhuang Zhou zu der Aussage veranlasst, er wisse von der Freude der Fische einfach dadurch, dass er auf der Brücke stehe und ihnen zusehe. Ganz am Ende des letzten, sicherlich späten Kapitels des *Zhuangzi* findet sich nämlich eine Reihe von Paradoxa, die Hui Shi aufgestellt haben soll. Da steht zum Beispiel, dass ein Stock von einem Fuß Länge nie ganz aufgebraucht sein werde, auch wenn man ihn jeden Tag um eine Hälfte kürze. Die gedankliche Nähe zu Zenons Gleichnis von Achilles, der eine Schildkröte nie einholen kann, obwohl er mit zwölffacher Geschwindigkeit läuft, ist frappierend, auch wenn solche Paradoxa in China wahrscheinlich weniger der Erkenntnistheorie dienten als der rhetorischen Schulung.

Ähnlich wie das *Zhuangzi* tut auch das Kapitel «Richtigstellung der Bezeichungen» des *Xunzi* solche Überlegungen als unnötige und sogar gefährliche Spielereien ab. Xun Kuang betont mehrfach, wie wichtig es für den Herrscher sei, die Hoheit über die Sprache zu behalten und nicht zuzulassen, dass Haarspaltereien dazu führten, dass die richtigen Worte nicht mehr als solche erkenntlich seien und dadurch auch die entsprechenden Sachverhalte durcheinandergerieten. Dann nämlich sei eine vernünftige Argumentation nicht mehr möglich. Dies führt letztlich zum Autoritätsverlust des Herrschers. Der rechte Weg ist schon immer die richtige Waage für angemessenes Verhalten gewesen. Wer ihn verlässt und sich selbst anmaßt, einen eigenen Weg einzuschlagen, der begibt sich auf einen gefährlichen Pfad. Er wird am Ende von den Dingen, nach denen er strebt, in Dienst genommen werden. Andersherum muss es sein: Der Kluge nimmt die Dinge für sich in Dienst. Dies ist ein immer wiederkehrender Refrain bei Xunzi. Er ist aber auch für seinen legalistischen Schüler Han Feizi von großer Bedeutung.

Han Fei zi: Die Dinge im Zaum halten

Auch zu Han Fei zi, zu übersetzen etwa mit «Der Meister Widerspruch aus dem Staat Han», liegt uns eine kurze Biographie aus dem Pinsel des Historiographen Sima Qian vor. Sie findet sich im selben Kapitel wie die Biographien des Lao Dan und des Zhuang Zhou. Obwohl Sima Qian den Han Fei eindeutig als Angehörigen der Lehren von «Strafen und ihren Bezeichnungen» charakterisiert und ihm denselben Mangel an Gnade oder Mitleid unterstellt, der die Legalisten generell auszeichnet, sagt er doch auch, dass seine Lehren in denen des Gelben Kaisers und des Laozi sowie in der Bedeutung von Weg und Tugend wurzelten. Sima Qian spricht oft von den Lehren des Gelben Kaisers und des Laozi, wenn er eine daoistisch-legalistische *Laisser-faire*-Politik meint, die während der beginnenden Han-Zeit dominierend gewesen sei und die dadurch erhebliche Erfolge erzielte, dass sie dem Individuum Freiraum ließ, ohne dabei die Autorität der Herrschenden infrage zu stellen.

Han Fei, ein Abkömmling des Fürstenhauses des Staates Han in Zentralchina, gilt als einer der Ahnherren dieser Laisser-faire-Politik, auch wenn er in seinem Werk die Notwendigkeit eines starken Fürsten betont. Der Staat Han nahm seine Warnungen vor drohendem Niedergang nicht an, so dass Han Fei sich statt auf das Reden auf das Schreiben verlegte. Seine Schriften kamen dem späteren Reichseiniger, dem Ersten Erhabenen der Qin-Dynastie, zu Gesicht, worauf dieser ihn zu sich nach Qin einlud. Dort war ihm indes kein Glück beschieden, denn Li Si, der Architekt der legalistischen Ordnung der späteren Qin-Dynastie und ebenfalls ein Student des Xunzi, empfand Han Fei als einen bedrohlichen Konkurrenten und ließ ihn ins Gefängnis werfen, wo er Selbstmord beging.

Einen Großteil der Biographie des Han Fei macht ein Kapitel aus, das in einem 55 Kapitel umfassenden, auf Han Fei zurückgehenden Konvolut enthalten ist. Es handelt von den Schwierigkeiten, mit denen ein Untertan zu rechnen hat, wenn er seinen Fürsten von etwas überzeugen möchte. Der Text will auch Techniken lehren, wie man diese Schwierigkeiten überwinden kann, indem man das Gegenüber und seine innersten Gefühle genauestens studiert, bevor man mit dem Überreden beginnt. Damit ist er Teil eines ganzen Genres altchinesischer Literatur. Auch Xunzi thematisiert diesen Sachverhalt an zwei Stellen. Wie sein Lehrer Xun Kuang wendet sich auch Han Fei gegen Versuche, dem Staat zuwiderlaufende Argumentationen zuzulassen, und startet damit einen Angriff auf die Konfuzianer: «Die Konfuzianer bringen mit ihrer literarischen Bildung das Recht durcheinander», so ruft er aus und bezeichnet sie als eines der Gifte, die den Staat bedrohen. Gemeint ist: Die Konfuzianer haben andere Quellen, auf die sie sich berufen, als das gesetzte Recht. Damit stellen sie die Autorität des Herrschers infrage. Das darf dieser nicht zulassen.

Während das Buch des Shang Yang den Begriff *ru* für die Konfuzianer, der eine Vokabel erst des dritten Jahrhunderts zu sein scheint, noch gar nicht kennt, lehnt sich Han Fei in vielen anderen Aspekten an das Denken des Shang Yang an. Wie dieser spricht auch er viel von den «Entscheidungsmöglichkeiten» (*quan*), der Machtposition (*shi*) und vom «Recht» (*fa*), und wie bei diesem endet der Text mit einem Kapitel über die Notwendigkeit, dass der Fürst den Untertanen Zuständigkeitsbereiche nach ihren Fähigkeiten zuteilt, dass sein Recht schwer wiegt, so wie es der «Veranlagung der Menschen» (*ren qing*) entspricht. Xunzi betont immer wieder, dass der Sinn all seiner Lehren ist, so weit zu kommen, andere zu kontrollieren, nicht aber von ihnen kontrolliert zu werden. Der Edle nehme andere in Dienst, lasse sich aber nicht in Dienst nehmen. Ähnlich heißt es, übrigens wie bei *Mengzi*, dass das Ziel sein müsse, keinen Widerpart unter dem Himmel zu haben, der ebenbürtig ist. Auch das Kapitel «Neiye» aus dem *Guanzi*-Text, eines der vier oben erwähnten philosophischen Kapitel, greift diese Losung auf: «Der Weise hält die Dinge im Zaum und lässt sich nicht von den Dingen anstellen» und «Der Edle stellt die Dinge an und lässt sich nicht von ihnen anstellen». Bei Han Fei ist die Sache eindeutig: Der Fürst nimmt die Stellung ein, die ihm erlaubt, andere zu kontrollieren; er darf sie nur nicht aus der Hand geben.

Wie im *Zhuangzi* tauchen übrigens auch im *Han Feizi* daoistische Konfuzianer auf. Was den *Han Feizi* als philosophischen Text aber besonders macht, ist die Tatsache, dass er in zwei Kapiteln ausgewählte Verse des *Laozi*-Textes kommentiert und im legalistischen Sinn ausdeutet. Das 26. Kapitel des *Daode jing* sagt:

> Das Schwere ist des Leichten Wurzelgrund;
> Das Stille ist des Ungestümen Herr.
> Deshalb: Ein Weiser, reist er auch tagelang,
> trennt sich von seinem leicht-schweren Tross nie.
> Gibt es auch schillernde Aussichten rings,
> Er bleibt am Platz, gelassen, unberührt.
> Wie dürfte dann ein Gebieter über zehntausend Kampfwagen
> Um seiner selbst willen leicht nehmen das Reich?
> Nimmt er es leicht, verliert er den Wurzelgrund;
> Und ist er ungestüm, verliert er die Herrschaft.
> (Übers. G. Debon, leicht modifiziert)

Han Fei macht daraus: «Wenn die Kontrolle bei einem selbst liegt, dann heißt dies ‹das Schwere›, seinen Platz nicht verlassen, das heißt ‹still›. Wer schwer ist, der kann den Leichten anstellen, und wer still ist, kann den Ungestümen anstellen. Deshalb heißt es: ‹Das Schwere ist des Leichten Wurzelgrund; Das Stille ist des Ungestümen Herr. Deshalb: Ein Weiser, reist er auch tagelang, trennt sich von seinem leicht-schweren Tross nie.› Das Land ist der Tross des Fürsten über Menschen. Als der ‹Herrscher-Vater› [König Wuling von Zhao] bei Lebzeiten sein Land weitergab, da verließ er seinen Tross. Daher: Hatte er auch die Freuden aus den Landesteilen Dai und Yunzhong, ‹unberührt›, so besaß er den Staat Zhao nicht mehr. Der Herrscher-Vater war ein Herrscher über zehntausend Streitwagen, und doch wurde er nun als Person vom Reich leichtgenommen. Keine Machtposition (*shi*) innezuhaben, das heißt ‹leicht›, und seinen Platz verlassen, das heißt ‹ungestüm›. Deshalb starb er, nachdem er noch zu Lebzeiten eingekerkert wurde. Deshalb heißt es: ‹Nimmt er es leicht, so verliert er seine Untertanen, ist er ungestüm, dann verliert er seine Herrschaft.› Das trifft auf den Herrschervater zu.»

Was im *Laozi* undurchsichtig wirkt, wird von Han Fei als eine historische Anekdote entschlüsselt, die seine eigene Auffassung bestätigt, dass ein Herrscher seine Macht niemals aus der Hand geben darf.

3. Einigung und Zerfall des Reiches (ca. 200 v. Chr. – 400 n. Chr.)

Daoistisch-konfuzianische Weiterentwicklungen

Mit den Mitteln des Legalismus – und mit starker Militärgewalt – besiegte der Erste Erhabene Kaiser von Qin die sechs konkurrierenden Kampfenden Staaten und rief im Jahr 221 vor unserer Zeit die Qin-Dynastie aus. Der brutale Krieg, der dem vorausgegangen war, gilt der chinesischen Gelehrsamkeit als Vater einer blühenden philosophischen Landschaft. Der Krieg ist wie bei Heraklit das Motiv, Dinge anzusprechen, mit denen man glaubt, die Deutungshoheit gewinnen zu können. Allen

Texten geht es um das Wohlergehen des Reiches, doch die Wege dahin sind unterschiedlich: Man kann Kritik zum Prinzip erheben wie die Konfuzianer, man kann sie unterbinden wie die Legalisten, und man kann sie ignorieren, wie das in manchen Teilen des Legalismus vorgeschlagen wird. Nie wieder ist es im Verlauf der chinesischen Geschichte zu einer ähnlichen Blütezeit der Philosophie gekommen. Deshalb musste der Darstellung dieser Epoche hier angemessener Raum gegeben werden.

Die Qin-Dynastie regierte nur rund vierzehn Jahre über China und wurde nach einem erneuten Krieg von der Han-Dynastie abgelöst. Der Geschichtsschreiber Sima Qian meint, dass ein größerer Teil des ersten Jahrhunderts der Han-Dynastie von den Gedanken der Huang-Lao-Lehren geprägt gewesen sei. Danach seien unter Kaiser Wu der Han-Dynastie zwischen 140 und 120 vor unserer Zeit alle alten Schulen auf Kosten des Konfuzianismus zurückgedrängt worden. Zwar war dieser Konfuzianismus keine einheitliche Strömung, sondern vielmehr ein Amalgam aus Elementen der unterschiedlichen alten Schulen, doch war diese Zäsur dennoch so tiefgreifend, dass der Philosophiehistoriker Feng Youlan (1895–1990) in seiner einflussreichen *Geschichte der chinesischen Philosophie* eine Trennlinie zwischen einem philosophischen Zeitalter, das bis 221 reicht, und einem Zeitalter des «klassischen Lernens» gezogen hat. Mit anderen Worten: Nach der Reichseinigung hat es demnach keine großen, eigenständigen philosophischen Entwürfe in China mehr gegeben. Neue Gedanken wurden vielmehr nur noch in Form der Auslegung alter Texte entwickelt. Das ist so sicher nur pointiert gesagt, doch richtig ist, dass die wichtigsten Wegmarken mit den alten philosophischen Schulen gesetzt waren und dass Kommentargelehrsamkeit von nun an einen großen Aufschwung nahm. Diese wagte es nicht mehr, eigene Gedanken im kühnen Wurf eines eigenen Werkes zu formulieren, sondern zog es vor, Neuerungen in Fußnoten zu den großen Denkern des Altertums zu verstecken.

Sima Tan, der Vater des Sima Qian, beendet seinen Essay über die sechs philosophischen Schulen mit einem Lobpreis auf die Daoisten beziehungsweise auf das, was wahrscheinlich als

Huang-Lao-Philosophie zu verstehen ist. Darin sagt er: «Im Allgemeinen gilt, dass das, was den Menschen mit Leben erfüllt, der Geist ist, und das, was ihm verliehen ist, die Gestalt. Wird der Geist zu stark gebraucht, dann geht er aus, wird die Gestalt zu sehr gemüht, dann liegt sie darnieder, und wenn Gestalt und Geist sich trennen, dann ist das Resultat der Tod. Wer tot ist, kann nicht wieder auferstehen, und wenn [die Seele die Gestalt] einmal verlassen hat, dann kann man sie nicht wieder zurückholen. Deshalb nimmt der Weise das ernst. Von hier aus betrachtet, ist der Geist die Wurzel des Lebens und die Gestalt das Werkzeug des Lebens.» Dieser Dualismus eines «mens sana in corpore sano» («ein gesunder Geist in einem gesunden Körper») geht, wie oben gezeigt, auf das *Xunzi* zurück, in dem es heißt: «Wer aufrichtigen Herzens die Menschlichkeit wahrt, der hat Gestalt/Haltung, und wer Haltung hat, der hat Geist. Wer Geist hat, der kann reformieren. Wer aufrichtigen Herzens sich rechtschaffen verhält, der ist geordnet/vernünftig, und wer vernünftig ist, der ist klar. Wer klar ist, der kann verändern. Wenn Reform und Veränderung im Wechsel erstehen, dann heißt das natürliche Tugend/Potenz.»

Schließlich gehört in den Kontext dieses Denkens auch das Kapitel «Himmel und Erde» des *Zhuangzi*, das wahrscheinlich aus der Zeit des Sima Tan stammt: «Am höchsten Anfang gab es das Nichts, das kein Sein hatte und keinen Namen. Das Eine ging aus ihm hervor, es gab das Eine, aber noch keine Gestalt. Die Wesen erhielten dadurch ihr Leben, weshalb wir es als ‹Potenz› (*de*) bezeichnen. Das, was noch keine Gestalt hatte, wies Teile auf, und plötzlich ohne Übergang bezeichneten wir das als ‹Bestimmung› [der einzelnen Teile] (*ming*). Es blieb und erzeugte durch Bewegung die Wesen, und als die Wesen entstanden waren, brachten sie eine Ordnung hervor, die wir als Gestalt bezeichnen. Gestalt und Körper schützen den Geist, und für beide gibt es förmliche Vorbilder. Das nennen wir das ‹Wesen›.»

Was wir hier sehen, das sind einerseits Versuche, den Ursprung aller Dinge zu ergründen, ohne dass es einen Schöpfer dabei gibt, und andererseits, die Gewichte von Körper und Geist im Menschen auszuloten. Im *Huainanzi*, einem enzyklopädischen Text, der vermutlich noch etwas später entstanden ist und eine Art Summe des Wissens der damaligen Zeit darstellt, finden wir sowohl die Idee, dass die beiden Kräfte *yin* und *yang* Reformen und Verwandlungen «töpfern», als auch den Ausdruck dessen, was die Verwandlungen schafft, der uns aus dem *Zhuangzi* bekannt ist. Doch scheinen diese hier gänzlich neutral zu sein, jeder Gedanke an ein anthropomorphes allmächtiges Gotteswesen ist der Zeit fremd. Stattdessen interessieren sich die Autoren des *Huainanzi* für «Essenz und Geist» (*jingshen*), die dem Menschen innewohnen, und deren Pflege. Auch an dieser Stelle zeigt sich eine gewisse Verwandtschaft zu Ideen der späten *Zhuangzi*-Kapitel, doch baut *Huainanzi* dessen Gedanken erheblich aus.

In diesem Zusammenhang sind auch die sogenannten «Angehängten Worte» (*Xici*) wichtig. Aus den Funden von Mawangdui können wir schließen, dass dieser Text erst im Laufe des zweiten Jahrhunderts aus unterschiedlichen Bestandteilen so zusammengesetzt worden ist, wie er uns heute vorliegt. Der Traktat gliedert sich in zwei Teile, die als erster Kommentar auf den Haupttext des *Buchs der Wandlungen* (*Yijing*) folgen – daher die Bezeichnung «Angehängte Worte» – und abstrakte philosophische Gedanken mit konkreter Interpretation von Hexagrammen verbinden. Hier findet sich der Begriff der «Göttlichen Klarheit» (*shenming*), den wir bei *Xunzi* schon als etwas kennengelernt haben, das sich von selbst einstellt, wenn der Weise mit Himmel und Erde eine Einheit bildet. In den «Angehängten Worten» ist die Göttliche Klarheit eine numinose Emanation von Himmel und Erde, die zu ergründen eine Aufgabe der Weisen des Altertums war. Um zu ihr durchzudringen, schufen sie die Hexagramme des *Buchs der Wandlungen*.

Seit dem dritten vorchristlichen Jahrhundert ist in mehreren Texten allen kanonischen Schriften ein bestimmter Lern- und Lebensbereich zugeschrieben worden, der für die Entwicklung zu einem gebildeten Menschen notwendig ist. Die *Wandlungen* nehmen dabei grundsätzlich den Bereich ein, der für die Philosophie die größte Bedeutung hat, nämlich den der Kosmologie und der Lehren von *yin* und *yang*. Der Bereich des politischen Handelns, der Kenntnis von Bezeichnungen und der zugehörigen Zuständigkeitsbereiche wird nach Auffassung des sicherlich Han-zeitlichen letzten *Zhuangzi* Kapitels von den *Frühlings- und Herbstannalen* abgedeckt. Der Bereich des Ausdrucks politischer Gesinung ist dem kanonischen *Buch der Lieder* zugeordnet, derjenige der richtigen Einstellung im Amt bzw. der politischen Arbeit dem *Buch der Urkunden*, derjenige des korrekten Handelns den *Riten* oder Regeln des sittlichen Verhaltens und derjenige der gesellschaftlichen Harmonie dem der *Musik*. Leitklassiker sind für den geistigen Bereich die *Wandlungen* und für den administrativen Bereich die *Annalen*, die beiden Schriften, die den zuvor existierenden Kanon von Liedern, Dokumenten, Riten und Musik erst spät komplettiert haben.

Am Ende des ersten Teils der «Angehängten Worte» zu den *Wandlungen* findet sich ein Textstück, das für die spätere Tradition von großer Bedeutung ist. Es legt dem Konfuzius die Worte in den Mund: «Geschriebenes drückt Worte nicht voll aus, und Worte drücken die Bedeutung nicht voll aus. Bedeutet das, dass die Absichten der Weisen [des Altertums] wohl gar nicht erkannt werden können?» Die Antwort auf diese Frage lautet dann, dass die Weisen das *Buch der Wandlungen* schufen, um dem offensichtlichen Mangel sprachlicher und schriftlicher Kommunikation durch ein Medium abzuhelfen, das in der Lage war, deren Unfähigkeit, die Bedeutung des Gedachten ganz auszudrücken, zu transzendieren.

Die Vorstellung, dass menschliche Worte den ganzen Sinn unseres Denkens nicht vermitteln können, findet sich vielerorts im alten China. Konfuzius sagt an einer Stelle in seinen Gesprächen, dass er am liebsten nicht reden wolle. Als einer seiner Schüler ihn fragt, wie denn dann seine armen Schuler etwas von ihm weitergeben sollen, antwortet er: «Spricht denn der Himmel? Die vier Jahreszeiten gehen durch ihn und die hundert Dinge werden durch ihn geboren, doch redet der Himmel?» (*Lunyu* 17.19) Am Ende des sicherlich recht späten dreizehnten *Zhuangzi*-Kapitels über den Weg des Himmels ist dem Problem ein sehr wichtiger Abschnitt gewidmet. Hier spricht eine Person, die als «der Meister» eingeführt wird – und man weiß nicht, ob Konfuzius, Zhuang Zhou oder Laozi gemeint ist –, über die Möglichkeiten des «höchsten Menschen», der im Einklang mit dem rechten Weg ist, und er folgert: «Das, was die Zeitgenossen am Weg schätzen, ist Geschriebenes. Doch Geschriebenes geht nicht über Gesprochenes hinaus. Am Gesprochenen gibt es etwas, das wertvoller ist, nämlich den Sinn (oder: die Absicht). Der Sinn hat etwas, dem er folgt und das nicht durch Worte weiterzugeben ist. Und doch reichen die Zeitgenossen Geschriebenes weiter, weil sie Worte schätzen.» Dies sei ganz falsch, denn «das, was man durch Anschauung sehen kann, sind nur Form und Farbe, und das, was gehört werden kann, ist nur Name und Laut». Die Zeitgenossen seien zu bemitleiden, wenn sie meinten, dass sie so schon den richtigen Sachverhalt begreifen würden. Deshalb sei klar, dass derjenige, der weiß, nicht spricht, und derjenige, der spricht, nicht weiß.

Nirgendwo sonst ist der Gedanke von der Beschränktheit der menschlichen Sprache so klar ausgedrückt worden. Im *Lüshi chunqiu* heißt es im Zusammenhang mit Deng Xi, dem oben erwähnten Vertreter der Namenschule, dass die Sprache dazu diene, den Sinn auszudrücken, und dass es ein Unheil sei, wenn Sprache und Sinn sich voneinander entfernten. Dies ist im Nachgang zu den Überlegungen der Vertreter von chinesischen Namenslehren unterschiedlicher Couleur aber nur ein müder Abklatsch dessen, was *Zhuangzi* wirklich sagt.

In den *Wandlungen* folgt die Konklusion: «Deshalb: Das, was oberhalb des Gestalthaften – oder: der Form – ist, nennen wir rechten Weg, das, was unterhalb des Gestalthaften ist, das nennen wir Gefäß.» Den Ausdruck «das, was oberhalb des Gestalthaften ist», haben die Sprachschöpfer der neuen Zeit, die um die Wende vom neunzehnten zum zwanzigsten Jahrhundert anbrach, zur chinesischen Übersetzung des griechischen Worts «Metaphysik» verwendet. Ganz so wie das *Daode jing* mit der Aussage beginnt, dass ein Weg, den man weisen kann, nicht der rechte Weg sein kann, und ein Name, den man nennen kann, kein echter Name ist, so lernen wir hier, dass der Weg etwas ist, was nicht mit der normalen Terminologie des Gestalthaften beschrieben werden kann. Nur das Gefäßhafte unterliegt dieser Möglichkeit. Daher verwundert auch nicht, dass es in den *Gesprächen des Konfuzius* an einer Stelle heißt, der Edle agiere nicht wie ein Gefäß (*Lunyu* 2.12), was heißen soll: Er lässt sich nicht zu einem Objekt machen, das nach Belieben verschoben und eingesetzt werden kann, auch wenn «Gefäße» normalerweise in alten Texten etwas sehr Wertvolles sind.

Neben dem *Buch der Wandlungen* und seinen Anhängen sind die zweite zentrale Säule der kanonischen Schriften die *Frühlings- und Herbstannalen.* Zur Zeit des Han-Kaisers Wu (141–87 v. Chr.) soll Dong Zhongshu (ca. 179–104 v. Chr.) zu diesem angeblich auf Konfuzius zurückgehenden Werk eine Auslegung mit dem Titel «Üppiger Tau der Frühlings- und Herbstannalen» (*Chunqiu fanlu*) verfasst haben. Ein Buch mit diesem Titel ist zwar überliefert, aber nur durch Drucke aus den Zeiten der Ming bekannt, also mehr als 1500 Jahre, nachdem es abgefasst worden sein soll. Große Zweifel an seiner Authentizität sind deshalb angebracht. Vieles in dem Text mag Han-zeitlich sein, wenn auch vermutlich etwas später entstanden als während der Lebenszeit des Dong Zhongshu. Vieles dürfte auch erst einige Jahrhunderte später verfasst worden sein. Immerhin wissen wir aus der Biographie des Dong Zhongshu in der um 80 nach Christus abgefassten Dynastiegeschichte der Früheren Han des Ban Gu, dass sich auch das Dong-Zhongshu-Denken um Ideen drehte, die dem *Xunzi* eng verwandt sind, nämlich die Zusammenhänge zwischen Himmel, Erde und Mensch. Vielfach wird Dong Zhongshu auch in einem Traktat in der Dynastiegeschichte der Han erwähnt, der mit den Fünf Elementen zu tun hat. Auch hier sind himmlische Einflüsse auf die Bereiche, in denen der Mensch wirkt, von entscheidender Bedeutung. Schon der erste Absatz des Kapitels «Essay über das Himmlische» des *Xunzi* endet mit der Bemerkung, dass derjenige ein vollkommener Mensch ist, der die Zuständigkeitsbereiche oder aber die Anteile von Himmel und Mensch kenne.

Selten wird in Geschichten der chinesischen Philosophie der Name des Sima Qian als Geschichtsphilosoph und nicht nur als

Historiograph erwähnt. Dabei stellt Sima Qian eine ganz zentrale Frage, die vom Gedanken der Theodizee, den wir bei *Mozi* kennengelernt haben, abgeleitet ist: Ist der Himmel gerecht? Die Geschichte lehrt Sima Qian das Gegenteil. Davon ausgehend erklärt er, dass sein Hauptziel sei, herauszufinden, wo denn die Grenze zwischen Himmel und Mensch sei, oder besser: Was in den Händen des Menschen liegt, wenn er erfolgreich sein will, und worauf er keinen Einfluss mehr hat. Er kommt interessanterweise zu dem Schluss, dass Erfolg und Misserfolg ganz maßgeblich von menschlichen Faktoren abhängen, nicht vom Himmel – oder auch: vom Zufall, denn man ahnt, dass Himmel genau dies oft bei ihm bedeutet.

Vom Himmel und dem Menschen zur Religion

Dong Zhongshu gilt gemeinhin als der wichtigste Konfuzianer der Zeit der westlichen Han-Dynastie. Von ihm ging aber weniger eine philosophische Initiative aus. Vielmehr gilt er als Initiator der Institutionalisierung kanonischer Gelehrsamkeit an einer Kaiserlichen Akademie, an der beamtete Gelehrte eingestellt wurden, die einen Teil der Bürokraten des Han-Reiches in der Auslegung und rhetorischen Nutzung der kanonischen Schriften des chinesischen Altertums ausbildeten. Dies war der erste Schritt zu dem seit dem siebten Jahrhundert in aller Feinheit ausgebauten Prüfungssystem, in dem die Kenntnis dieser kanonischen Schriften eine zentrale Rolle spielte. Natürlich hatte ein solcher Schritt Auswirkungen auf das Geistesleben als Ganzes: Indem philosophisches Wissen verbindlicher Prüfungsinhalt war, wurde es zum Angelpunkt, um den das Denken kreiste. Kommentarauslegung wurde deshalb als Ort der Fortentwicklung von philosophischen Gedanken vielfach wichtiger als das freie Schreiben.

Die wichtigsten Texte, die im ersten Jahrhundert seit dieser Entscheidung geschrieben wurden, waren auch nicht philosophischer Natur, sondern Anekdotensammlungen, die manchmal – wie bei den *Äußeren Überlieferungen des Han Ying zu den Liedern* (*Hanshi waizhuan*) – einen kanonischen Text zum

Ausgangspunkt nahmen, um Moralvorstellungen auf politischer und privater Ebene darzulegen. Manche Anekdoten kreisen auch um das Wirken hehrer Staatslenker und Denker in der Zeit vor Gründung des Kaiserreichs, wie das zum Beispiel beim *Garten der Überredungen* (*Shuoyuan* oder *Shuiyuan*) oder bei *Frühling und Herbst des Yan Ying* (*Yanzi chunqiu*) der Fall war.

Yang Xiong (53 v. Chr. – 18 n. Chr.) schrieb Texte, die sich die *Wandlungen* und die *Gespräche des Konfuzius* zum Vorbild nahmen, doch gehören deren Inhalte nicht in eine kurze Geschichte der chinesischen Philosophie. Der geistesgeschichtlich bedeutendste Text des ersten Jahrhunderts unserer Zeitrechnung ist das *Lunheng* des Wang Chong (27–97), ein Werk, dessen Titel mit «Gesammeltes Querdenken» wiedergegeben werden kann. Wang Chong war weniger kreativer Denker als skeptischer Geist, dem vor allem daran gelegen war, in insgesamt 85 Kapiteln Widersprüche in den Aussagen früherer Meister wie des Konfuzius oder des Meng Ke aufzuspießen und sich gegen den Glauben an Geister und Vorzeichen in seiner Zeit zu wenden. Seine Autobiographie, die den Abschluss des *Lunheng* bildet, ist ebenso wichtig als zeithistorisches Dokument wie seine Biographie im 49. Kapitel der Geschichte der Späteren Han-Dynastie des Fan Ye (398–445). In diesem Kapitel werden neben ihm noch zwei weitere Denker abgehandelt, nämlich Wang Fu (ca. 90–150) und Zhongchang Tong (180–220).

Wang Fu verfasste ein Werk in 36 Kapiteln, dem er den Titel *Erörterungen eines im Verborgenen lebenden Mannes* (*Qianfu lun*) gab. Dieses beginnt in konfuzianischer Manier mit einer «Überredung zum Lernen» und behandelt dann Fragen der Moral des Einzelnen und der guten Verwaltung des Reiches. Auch dieser Text ist ein wichtiges historisches Zeugnis, sticht aber nicht durch die Entwicklung neuer philosophischer Gedanken hervor. Nur drei vollständige Kapitel sowie weitere Fragmente sind von den *Offenen Worten* (*Changyan*) des Zhongchang Tong überliefert. Er galt seinen Zeitgenossen als «Exzentriker» oder auch «Verrückter», eine Anspielung auf den «Verrückten aus Chu», der dem Konfuzius in einem der hinteren Kapitel der Gespräche davon abrät, nach Ämtern zu streben und die Welt zu verbessern, und der auch im *Zhuangzi* als daoistisches Vorbild beschrieben ist.

Der Rückzug aus dem öffentlichen Leben ist allen drei großen Denkern der Späteren Han-Zeit gemeinsam, eine Reaktion auf die unruhigen Zeiten, die von zunehmenden Auseinandersetzungen zwischen Regenten minderjähriger Kaiser und Eunuchen, die den Thron nach außen repräsentierten, einerseits und einer aus lokalen Eliten zusammengesetzten Beamtenschaft andererseits geprägt war. Die Beamten sahen sich als Verlierer in einem Machtkampf ungleicher Kräfte. Anhänger einer Bewegung, die den Namen «reine Kritik» erhalten hat, weil sie sich gegen das wandte, was sie als Korruption und Ämterverkauf bezeichnete, wurden Mitte des zweiten Jahrhunderts in eine Liste von Geächteten eingetragen und vom Amtsdienst ausgeschlossen. Während sich an den Nord- und Westgrenzen des Reiches ausländische, zum Teil nomadische Staaten bildeten, die das Han-Reich bedrohten, begannen Militärmachthaber, dieses in Einflussgebiete zu zerlegen. Die Hauptstadt Luoyang wurde im Jahr 189 von einer Armee des Dong Zhuo heimgesucht und gebrandschatzt. Der Kaiser musste als Gefangener des Generals Cao Cao (155–220) umziehen. Dessen Sohn Cao Pi (187–226) etablierte im Jahr 220 die Wei-Dynastie in Nordchina, eine von drei Dynastien, die das Reich unter sich aufteilten.

Neudaoistische Reminiszenzen im Werk des Zhongchang Tong sind allgemein als ein Sich-fügen in die Gegebenheiten der Zeit aufgefasst worden, obwohl er in seiner Schrift auch versucht, aus den historischen Erfahrungen der Han auf klarsichtige Weise Gesetzmäßigkeiten eines dynastischen Zyklus abzuleiten. Aufgrund dieser Abstrahierung vermutet er, dass das Ende der Dynastie bevorstehe. Letztlich aber setzt sich Zhongchang Tong vor allem mit administrativen Fragen auseinander.

Etwa gleichzeitig mit Zhongchang Tong dürfte Xu Gan (171–218) gewirkt haben, ein Autor, dem bisher nur wenig Aufmerksamkeit zuteil geworden ist. Er hat einerseits mit Zhongchang Tong gemeinsam, dass er in seinem zwanzig Kapitel umfassenden Traktat *Mittige Erörterungen* (*Zhonglun*) die Bedeutung des

Wortes *li* unterstrich, das bei ihm – zumeist verbal gebraucht – «ordnen» heißt, aber eben auch auf eine rational verständliche Ordnung weist. Er ließ andererseits als einer der Ersten in seinem Kapitel «Untersuchung über das Gekünstelte» die alte Lehre von den Namen wieder aufleben, die auf Mo Di, *Xunzi*, aber auch die vier *Guanzi*-Kapitel und Dong Zhongshu zurückgeht. Dieser Lehre zufolge müssen die Namen Realitäten entsprechen, denn Persönlichkeiten, die sich einen «gekünstelten» oder auch «falschen» Namen gaben, habe es in seiner Zeit schon viel zu viele gegeben. Die Sache ist deshalb wichtig, weil das dritte Jahrhundert das Aufkommen einer Lehre sah, die die Bezeichnung «Namenlehre» (*mingjiao*) erhielt. Ihr Standort ist nicht leicht zu bestimmen. Wahrscheinlich war er zwischen daoistischen und konfuzianischen Theorien angesiedelt, die das Denken des Freiseins propagierten, gleichzeitig aber an der Notwendigkeit des guten Betragens festhielten, das das menschliche Zusammenleben zu regeln hatte.

Einige weitere Denker der Han-zeitlichen Geistesgeschichte wirkten in ähnlicher Weise wie die hier genannten Personen, doch scheint eher von Bedeutung, dass parallel zu den Denkern, die eigenständig größere Werke mit mehreren Kapiteln schufen, die Praxis der Kommentierung von Texten Aufwind bekam. Ma Rong (79–166), ein Universalgelehrter, lehnte die Tendenz der damaligen Klassikergelehrsamkeit ab, sich auf einen einzelnen Text und seine Auslegung zu spezialisieren. Er ist der erste wichtige Verfasser von Kommentaren zu mehreren kanonischen Schriften. Auf ihn soll übrigens auch die Praxis des interlinearen Zeilenkommentars zurückgehen, bei dem unter einen Satz aus einer Schrift ein zweispaltiger Kommentar gesetzt wurde, der nur in halber Größe geschrieben war. Nicht sehr viel von seinen Werken ist überliefert, doch die Kommentare seines Schülers Zheng Xuan (127–200), der fast den gesamten Kanon auslegte, sind noch immer Standard für jeden Wissenschaftler, der sich mit dem alten Erbe der vor-Han-zeitlichen Kulturtradition auseinandersetzen möchte.

Auch wenn ein Teil der Arbeit des Philologen darin bestand, alte Texte durch Glossen überhaupt erst verständlich zu machen, wird in diesen Kommentaren nicht nur verhandelt, was sie tatsächlich bedeuteten. Vielmehr mischte sich Zheng Xuan wie viele andere seiner damaligen Kollegen über den Umweg der Kommentierung in das zeitgenössische politische Streitgespräch über staatliche Institutionen und ihre Ausgestaltung ein. Schon in dieser frühen Kommentierungsphase ging die Exegese also über reine Textauslegung hinaus. Wie in früheren Zeiten bedienten sich Gelehrte alter Texte, um ihre eigene Meinung zu politischen Fragen kundzutun. Sie taten dies allerdings nicht mehr unter Zuhilfenahme des Zitats in selbst verfassten freien Texten, sondern indem sie im wahrsten Sinne des Wortes zwischen den Zeilen argumentierten.

Die Lehre vom Dunklen

Nach langen politischen Wirren ging die Han-Dynastie im Jahr 220 unter. Ihr Bestehen war zwar nicht von ständiger Kontinuität gekennzeichnet, aber sie hatte doch für mehr als vierhundert Jahre institutionell so sehr den Rahmen vorgegeben, dass ihr Sturz noch mehrere Jahrhunderte lang als kosmische Katastrophe angesehen wurde. Auch auf philosophischer Ebene bedeutete dieser Bruch eine Zäsur, deren Bedeutung vielleicht als noch größer einzustufen ist als derjenige, der sich mit der Gründung des Kaiserreichs vollzogen hatte. Eine der treibenden Kräfte für die Neuorientierung im Denken war das Erstarken der beiden Religionen des Daoismus und des Buddhismus, die sich nicht unabhängig voneinander entwickelten: Mit der Ankunft des über Zentralasien nach China allmählich eingesickerten Buddhismus bündelten sich autochthone religiöse Tendenzen, für die vor allem das *Daode jing* eine wichtige Quelle der Inspiration war. Aus einem Sammelsurium von Strömungen erwuchs unter buddhistischem Einfluss die allmählich monastisch organisierte daoistische Religion.

Weil auch auf philosophischer Ebene der Text des *Laozi* immer stärker ins Zentrum rückte, hat man die philosophische Hauptrichtung der Epoche lange Zeit als «Neodaoismus» bezeichnet. Der Terminus ist jedoch irreführend, da ihre Protagonisten sich trotz gegenläufiger Tendenzen auch auf konfuzianische Vorbilder wie die *Gespräche des Konfuzius* beriefen. Stattdessen hat sich heute der Begriff «Lehre vom Dunklen» (*Xuanxue*) durchgesetzt, der auf die häufige Verwendung des Wortes «dunkel» oder auch «mysteriös» (*xuan*) im *Daode jing* zurückgeht. Wang Bi (226–249) verfasste einen maßgeblichen Kommentar zum *Laozi*, der seit dem elften Jahrhundert als Standardauslegung gilt. Er schreibt in einer Einführung, dass der «rechte Weg» ein Konzept sei, das, wie es im 25. Kapitel des *Daode jing* schon heißt, mit Worten eigentlich nicht zu beschreiben sei. «Weg» sei nur ein behelfsmäßig gewählter Begriff, und «dunkel» sei eine Metapher, die auf die Schwierigkeiten der Benennung verweise.

Der zentrale historische Text, durch den wir über die Philosophen der neuen Zeit Bescheid wissen, sind die *Neuen Gespräche, die man sich in unserem Zeitalter erzählt* (*Shishuo xinyu*). Man könnte auf den verwegenen Gedanken kommen, dass diese Gespräche spielerisch an die ehrwürdigen *Gespräche des Konfuzius* (*Lunyu*) anschließen. Die *Neuen Gespräche* sind eine nicht immer leicht verständliche Anekdotensammlung, die von Männern berichtet, die bewusst gegen gesellschaftliche Normen verstießen, Ämter ablehnten, sich sinnlos betranken, gar Drogen nahmen oder sich nackt auszogen und eine Art mittelalterlicher Freikörperkultur praktizierten. An einer Stelle der *Neuen Gespräche* wird dieses Verhalten scherzhaft als ein Gegensatz zur «Namenlehre» bezeichnet, die ganz offenbar das konfuzianische Sittensystem meint. Von sieben Männern berichten sie, die sich regelmäßig zum Weingenuss in einem Bambushain trafen. Diese «Sieben Würdigen vom Bambushain» sind eher als Literaten hervorgetreten denn als Philosophen, obwohl vor allem Ruan Ji (210–263) und Xi Kang (223–262) auch geistesgeschichtlich wichtige Texte verfasst haben.

Über einen Enkel des Ruan Ji heißt es, dass er auf die Frage, ob denn die «Namenlehre des Weisen [Konfuzius]» und das «Von-selbst-so-Seiende», auf das sich *Laozi* und *Zhuangzi* verstünden, dasselbe seien, geantwortet habe, dies sei sicherlich nicht der Fall. Doch diese Einschätzung ist nicht unumstritten.

Die beiden philosophischen Vordenker der Mitte des dritten Jahrhunderts waren He Yan (195–249) und Wang Bi, über die in den *Neuen Gesprächen* einige Anekdoten enthalten sind, die zeigen, dass sie unzweifelhaft zum Milieu der Sieben Würdigen vom Bambushain gehörten. Man hat die Inhalte der *Neuen Gespräche* als «reines Gerede» bezeichnet, eine Einschätzung, die darlegt, dass nach den schlechten Erfahrungen der «Reinen Kritik Bewegung» vom Ende der Han-Zeit nun eine Abkehr vom Politischen eingetreten war. Im «reinen Gerede» sei es mehr um intelligente Pointen gegangen als um moralische Positionen.

In philosophischer Hinsicht war der schon im Alter von dreiundzwanzig Jahren verstorbene Wang Bi die herausragende Gestalt. Auf He Yan geht vor allem ein Kommentar zu den *Gesprächen des Konfuzius* zurück, in dem die maßgeblichen Kommentare seiner Vorgänger aus der Zeit der Han-Dynastie versammelt sind und der den wichtigsten modernen Standardausgaben des Textes beigefügt ist. Er hat ferner einen Text mit dem Titel *Essay über die Namenlosigkeit* verfasst, der wohl an die Diskussionen über den «rechten Weg» anschließt, von dem aber nur ein kurzes Fragment erhalten ist. Ansonsten verweist sein Oeuvre eher auf die vergangene Zeit als in die Zukunft. Mehrere Anekdoten berichten von der intellektuellen Überlegenheit des Wang Bi über He Yan; Letzterer soll sogar seinen *Laozi*-Kommentar zu einem «Essay» über die *Schrift von Weg und Tugend* umbenannt haben, als er erkannte, dass Wang Bi den Sinn des Textes in seinem eigenen Kommentar schon viel besser erfasst hatte.

Über Wang Bi und He Yan heißt es, sie hätten sich vor allem auf *Laozi* und *Zhuangzi* bezogen und die These vertreten, dass alle Dinge das Nicht-Haben oder auch das Nichts (*wu*) zum Ursprung hätten. Gemeint ist, dass den Dingen etwas Eigenschaftsloses zugrundeliegt, das zu einem «Etwas-Haben» oder aber «Sein» (*you*) wird, sobald es eine erkennbare Eigenschaft aufweist. Diese Auffassung sei dem rechten Weg des Konfuzius entgegengesetzt gewesen, denn dieser hafte an nützlichen Eigenschaften. Doch stellte Wang Bi andernorts Konfuzius über Laozi und Zhuangzi, nicht gegen sie. Seine Haltung zu Konfuzius scheint zu den Texten im *Zhuangzi* zu passen, in denen Konfuzius als ein perfekter Daoist dargestellt wird.

Wang Bi ist repräsentativ für den Anbruch einer neuen Zeit. Das betrifft zum einen die Tatsache, dass die beiden wichtigsten Texte, an denen er sein Denken entfaltete, das *Daode jing* und das *Buch der Wandlungen* waren, die er beide kommentierte und zu denen er einleitende Kapitel verfasste. In seiner Einführung zu den grundlegenden Prinzipien des *Laozi*-Textes zum Beispiel schrieb er, dass dessen zentraler Inhalt eine «Erörterung des Ursprungs des ersten Anfangs sei, anhand dessen er das Wesen des Von-selbst-so-Seienden deutlich machte, und eine Auslegung des Äußersten an Finsternis, mit dem er das Rätsel lösen wollte, weshalb man irrt und fehlgeht». Er zeige, wie man handelt, noch bevor etwas [ein Problem] entstanden ist, wie man die Verantwortung nicht auf andere abwälzt, sondern bei sich selbst nach der Antwort sucht. Auch ihm geht es also nicht um ein ontologisches Verstehen der Welt, sondern um Handlung.

Man wird nicht fehlgehen, wenn man den «rechten Weg» als den Zentralbegriff des Denkens der Zeit der Streitenden Reiche und der Han-Zeit bezeichnet. Bei Wang Bi scheint den alten Begriff des «Weges» *(dao)* der Begriff des «Grundes» oder der «Vernunft» *(li)* allmählich als zentrale Kategorie abzulösen. Was *li* bei Wang Bi wirklich heißt, ist trotz mehrerer einschlägiger Arbeiten noch nicht abschließend geklärt. Im angelsächsischen Raum ist das Wort lange mit «Prinzip» übersetzt worden, doch das überzeugt nicht vollständig. Der alte Ordnungsbegriff schwingt in seinem Verständnis immer noch mit, aber auch die verstandesmäßige Durchdringung, die Ratio, manchmal auch die Vernunft, scheinen gemeint zu sein. Im Zusammenhang mit mehreren Zeitgenossen des Wang Bi taucht zudem die Aussage auf, sie hätten sich gut auf «Namen und Gründe» *(mingli)* verstanden, eine Kombination, die auf zwei Weisen interpretiert werden kann: Sie kann die «Gründe dafür, warum bestimmte Begriffe vergeben werden», meinen, aber auch «den *li* Namen geben», wobei Letzteres dann das Wort *li* schon in Richtung von neuen «Konzepten» begreifen würde.

Interessant an der obigen Aussage, dass Konfuzius das «Nichts» zu einem Teil seiner selbst gemacht habe, ist das chinesische Wort *ti*, das hier mit «zu einem Teil machen» übersetzt worden ist. Es bedeutet ursprünglich «Glied» und wird so auch im modernen Wort *shenti* für den «Körper» verwendet: *Shenti* setzt sich nämlich aus «Leib und Glieder» zusammen. In den klassischen Texten findet sich häufig der Begriff *xingti*, was vermutlich «Form und Struktur» heißt. *Ti* steht im alten chinesischen Denken oft für ein aus mehreren Teilen zusammengesetztes Ganzes. Insofern ist die Übersetzung «Substanz», die sich in der Sekundärliteratur für Texte späterer Zeiten durchgesetzt hat, irreführend, auch wenn der Begriff unter dem Einfluss buddhistischen Denkens einen Wandel durchgemacht hat. Wang Bi bezeichnet in seinem Kommentar zum *Buch der Wandlungen* mit *ti* die Struktur jedes einzelnen der 64 Hexagramme, die sich ja aus sechs durchgezogenen oder unterbrochenen Linien in unterschiedlicher Zusammensetzung ergeben. Im Kommentar zum 38. Kapitel des *Laozi*, dem ersten der «Schrift von der Tugend», findet sich die Aussage, dass die Dinge noch so wertvoll sein mögen, sie wirkten (*yong*) doch durch das «Nichts», und sie seien nicht in der Lage, dieses Nichts als einen Teil ihrer selbst (*ti*) abzustreifen. Was damit gemeint ist, lässt sich nicht leicht erklären, aber es scheint mit der Idee zu tun zu haben, dass Dingen eine Reihe äußerlicher Merkmale anhaften, der eigentliche Zweck aber nicht durch diese äußerlichen Merkmale zu erfassen ist. Das Wortpaar *ti-yong* ist in der späteren chinesischen Philosophie ausgesprochen wirkmächtig geworden. Wang Bi hat es offenbar eingeführt.

In Wang Bis zusammenfassender Einführung zu den Grundgesetzen des *Buchs der Wandlungen* gibt es einen Abschnitt, in dem sich Wang mit der Sprachtheorie der «Angehängten Worte» beschäftigt, die oben kurz angesprochen wurde. Wang Bi sagt, dass die Worte, die die einzelnen Bilder und Linien der Hexagramme erklären, dazu dienten, einen Sinn zu beschreiben. Hätte man den Sinn gefunden, dann benötige man die Worte nicht mehr. An dieser Stelle greift er zu einer berühmten Metapher, die er dem Buch *Zhuangzi* entnimmt: Um Fische zu fangen, benutzt man Reusen, doch wenn man die Fische hat, dann vergisst man die Reusen. Fallen benutzt man, um Hasen zu fangen, doch wenn man die Hasen hat, dann vergisst man die Fallen. Worte, so heißt es im *Zhuangzi*, dienten dem Ausdruck von Sinn, doch wenn man den Sinn habe, dann vergesse man die Worte. *Zhuangzi* hat sich in abgewandelter Form immer wieder zu diesem Thema geäußert. So sagt er an anderer Stelle, dass die sechs kanonischen Schriften nur die Spuren der Weisen des Altertums seien, nicht aber das Denken und Handeln dieser Weisen selbst. Das *Zhuangzi* und Wang Bi äußern gleichermaßen Skepsis hinsichtlich der Möglichkeit von Texten, die Realität abzubilden; der Weise muss selbst mitdenken, einfaches Lernen reicht nicht aus.

Indem er Gedanken zur Sprache aus dem *Buch der Wandlungen* mit dem *Zhuangzi* verknüpft, verweist Wang Bi auf den zweiten großen Denker der Lehre vom Dunklen, auf Guo Xiang (252–312). Dessen große Leistung war die Kommentierung des *Zhuangzi*-Textes, auch wenn er dabei auf Arbeiten eines Vorgängers mit Namen Xiang Xiu, eines der Sieben Weisen vom Bambushain, zurückgreifen konnte, deren genaues Ausmaß nicht bekannt ist. Auch Guo Xiang beschäftigte sich an mehreren Stellen seines Kommentars mit den Spuren der Weisen des Altertums, die seiner Auffassung nach nur ein Hinweis sein konnten, nicht aber Handlungsanweisung, weil die Dinge in ständigem Wandel begriffen sind.

Während Zhuangzi an mehreren Stellen noch so gesprochen hat, als gäbe es tatsächlich jemanden, der die Dinge erschafft, lehnte Guo Xiang diesen Gedanken klar ab. Vor *yin* und *yang* gebe es nichts, und auch das Von-selbst-so-Seiende sei nichts, was den Dingen vorausginge. Es sei eben das Selbst-Sein der Dinge. Die Dinge haben nichts, woher sie kommen. Für Guo Xiang gibt es nicht das mysteriöse Wirken des Weges, der aus dem Nichts ein Sein erzeugen kann. Bei ihm verläuft eine klare Trennlinie zwischen dem nicht existenten Nichts und den Dingen. «Deshalb ist die Eigenschaft des Seins als Ding, dass es sich auch tausendfach verändern und zehntausendfach verwandeln mag, es kann doch niemals Nichts werden.» Der höchste Weg ist für Guo Xiang das höchste Nichts, und da er eben nicht ist, kann er den Dingen auch nicht vorangehen.

An mehreren Stellen berührt sich der *Zhuangzi*-Text mit einem weiteren daoistischen Text, nämlich dem *Liezi*. Von ihm meinte die chinesische Tradition lange, er sei sogar älter als *Zhuangzi*, auch weil das 32. Kapitel des *Zhuangzi*-Textes nach dem vermeintlichen Autor des *Liezi*, nämlich Lie Yukou («Lie, der Räuberaufseher»), benannt ist. Heute ist klar, dass große Teile des *Liezi* erst im dritten oder sogar erst zu Anfang des vierten Jahrhunderts verfasst sein können. An einer zentralen Stelle des Textes lässt der Autor des *Liezi* einen der Tradition bekannten Mann den Konfuzius in einer Weise nach den Weisen des Altertums fragen, die fast wie eine satirische Replik auf Fragen wirkt, die in den *Gesprächen des Konfuzius* Fürsten und Machthaber an Konfuzius hinsichtlich der Fähigkeiten seiner Schüler richten. Konfuzius spricht ihnen allen echte Weisheit ab, erwähnt dann aber, dass es im Westen einen Mann gebe, der ein Weiser sei, der nicht ordne noch für Aufruhr sorge, der nicht spreche, und doch auf sich selbst vertraue, und der nichts reformiere, aber sich selbst wandele: Dieser sei vielleicht ein Weiser.

Zhang Zhan (erwähnt um 370), der erste Kommentator des *Liezi*, bei dem sich bereits buddhistische Einflüsse nachweisen lassen, schreibt, dass Weise nicht einer bestimmten Himmelsrichtung zuzuordnen seien und dass hier nur auf eine größtmögliche Entfernung verwiesen werden solle. Dennoch ist die weit verbreitete Annahme plausibel, dass der *Liezi*-Text an dieser Stelle den Konfuzius auf Buddha hinweisen lässt. Im vierten Jahrhundert ist der Buddhismus, der schon seit mehreren Jahrhunderten in China heimisch geworden war, auch in der Philosophie endgültig angekommen.

4. Die chinesisch-buddhistische Philosophie (ca. 300–1000)

Buddhistische Lehre in daoistischen Begriffen

Schon im zweiten Jahrhundert und verstärkt im dritten begannen Übersetzer damit, buddhistische Sutren aus dem Sanskrit oder dem Pali ins Chinesische zu übertragen. Das größte Problem dabei war die Terminologie, denn was auf Sanskrit gesagt wurde, hatte zunächst kein eindeutiges chinesisches Pendant. Kumârajîva (344–413) war der erste große Übersetzer, der die buddhistische Terminologie in ein literarisch schönes Chinesisch übertrug. Dabei griff er auf das Vokabular der Lehre vom Dunklen zurück. Zum Beispiel stand der Begriff des Von-selbst-so-Seienden dem Dharma (*fa*), also dem «Buddha-Gesetz», nahe, aber auch das «Wesen» (*xing*), das später mit der Buddha-Natur (*Tathâgatagarbha*), die einem jeden Menschen innewohnt, gleichgesetzt wurde, kam als dazu passender Begriff vor. Schon bei Guo Xiang lassen sich eine Reihe von Übereinstimmungen zwischen traditionell chinesischen und buddhistischen Konzepten feststellen. Im vierten Jahrhundert traten Mönche wie Zhi Dun (Zhi Daolin 314–366) in Erscheinung, der von den *Neuen Gesprächen aus unserem Zeitalter* als eine Art Geistesverwandter des Wang Bi dargestellt wird. Bei ihm erhält der alte chinesische Ordnungsbegriff *li* in Anlehnung an ähnliche Sanskrit-Vokabeln tatsächlich die Bedeutung von «Prinzip», vielleicht auch «Vernunft» oder «Grund». Durch den Rückgriff auf buddhistische Texte wird er nun endgültig zum zentralen Begriff chinesischen Philosophierens.

Zhi Dun war der erste Buddhist, der die Essenz buddhistischer Texte auf der Grundlage von daoistischem Vokabular, aber auch mit anderen altchinesischen Konzepten einer chinesischen Schülerschaft einsichtig zu machen versuchte. In einem berühmt gewordenen Vorwort erklärt Zhi Dun zum Beispiel, dass *Prajnāpāramitā*, die transzendente Weisheit, welche die letzte notwendige Vorstufe zum Eingang ins Nirvana ist, der Urspeicher alles Wundersamen (*miao*) sei und der «dunkle» Ahn der Stufen von Weisheit. Diese Weisheit wird als höchstes Nichts und Leere beschrieben, in der es keine Dinge gibt, weshalb man den Dingen gegenüber gleichgültig sein könne, ganz wie es das zweite Kapitel des *Zhuangzi* nahelegt. Daoistisches und buddhistisches Vokabular werden im Folgenden ständig miteinander verflochten. Die Begriffe des «Wundersamen» und des «Dunklen», aber auch des Von-selbst-so-Seins spielen dabei eine zentrale Rolle. Das Wissen hänge an den Dingen, aber in Wahrheit sei es ohne Spur. Die Namen entstünden daraus, aber aus Gründen der Wahrheit oder der Vernunft (*li*) spreche man nicht darüber, denn die Vernunft wende sich dem Namenlosen zu. Ohne Namen zu sein und ohne Anfang, dies sei die Grundstruktur (*ti*) des rechten Weges, ganz wie wir dies von Laozi kennen. Buddhistische Lehre wird hier ganz in daoistischem Sinn erklärt.

Der Einfluss aus Indien war weniger deshalb wichtig, weil die buddhistische Religion philosophisch so innovativ gewesen wäre, sondern weil die chinesische Sprache durch die buddhistische Terminologie mit indoeuropäischem Vokabular in Berührung kam und man deshalb hinter bestimmten chinesischen Wörtern nun tatsächlich philosophische Begriffe wie den des «Verstandes» oder der «Vernunft» erkennen kann, die in China zuvor nur schwer bestimmbar waren. Vielleicht erklärt sich aber umgekehrt auch die Vorliebe der Denker der Lehre vom Dunklen für das «Nicht-Haben», das wahrscheinlich schon früher «Nichts» geheißen hatte, aus der Ankunft des Buddhismus und seiner Vorstellung vom Nirvana. Was ursprünglich bei Laozi der unergründliche Anfangsgrund war, aus dem alle Dinge entstehen, wurde nun zu dem unergründlichen Nichts, in dem die Wesen von ihrem Leiden erlöst werden. Auch dass die Dinge sämtlich «leer» seien (*kong*, *śūnya*), wie der Buddhismus lehrt, lässt sich zu *Laozi* in Bezug setzen. Dem Herz (*xin*), in der alten chinesischen Literatur der Sitz des Verstandes, kommt nun die zentrale Funktion zu, sich die Welt vorzustellen, obwohl diese Vorstellung nach buddhistischer Lehre eigentlich nur eine Vorspiegelung ist. Das Wesen (*xing*), über das so lange gestritten worden war, ob es gut oder schlecht sei, wird nun zur Buddhanatur, die jedem Menschen innewohnt. Diese Deutung sollte später in der neokonfuzianischen Philosophie einer Renaissance des Mengzi den Weg bereiten: Jeder Mensch trägt laut Mengzi in sich die Möglichkeit, ein Yao oder Shun zu werden; genauso hat jeder Mensch in sich die Buddhanatur.

Seng Zhao: Alte chinesische Lehren in buddhistischem Gewand

Eine wichtige Stufe für die Aneignung buddhistischen Denkens durch einheimisches Vokabular und altchinesische Lehren waren die Übersetzungen buddhistischer Sutren durch Kumârajîva. Der aus dem zentralasiatischen Kucha stammende Mönch vermittelte ungeachtet seiner fremden Herkunft der chinesischen Literatenelite buddhistische Texte in schöner Sprache. Der bedeutendste Schüler des Kumârajîva war ein Mann, der unter dem Namen «Mönch Zhao», Seng Zhao (374–414), bekannt ist, wobei Zhao einfach «Anfang» heißt und ein sicherlich bewusst gewählter Mönchsname ist, der möglicherweise mit dem Interesse des Seng Zhao an letzten Dingen zu tun haben könnte. Auf Seng Zhao gehen vier Traktate zurück, in denen er zunächst die buddhistische Doktrin von der Unveränderlichkeit der Dinge betonte. Alle Dinge seien aus kleinsten, unveränderlichen und damit Atomen ähnelnden Einheiten zusammengesetzt. Im zweiten Schritt behauptet Seng Zhao die Leere alles Nicht-Wahren. Schon der Begriff des «Nicht-Wahren» lässt aufhorchen, denn er erinnert an den «wahren Menschen», ein Kultivierungsideal des *Zhuangzi*.

Wer mit indischem Buddhismus vertraut ist, wird in diesem Text zunächst vergeblich nach Inhalten der buddhistischen Religion suchen, denn das Denken des Seng Zhao ist noch ganz in der alten chinesischen Philosophie verwurzelt. Seng Zhao beginnt damit, dass die höchste Hohlheit, in der es kein Leben gibt, die wundersame (*miao*) Richtung des dunklen (*xuan*) Spiegels von der Prajna-Weisheit sei, der erste Ahn dessen, was Dinge aufweist. Diese chinesische Reflexion eines «Ding an sich» erinnert sehr stark an *Laozi*, während der nächste Satz, der auf die Notwendigkeit des Verständnisses eines Weisen hindeutet, die erst einen Einblick in den Grenzbereich zwischen Sein und Nichts zulässt, an altbekannte konfuzianische Vorbilder denken lässt. Seng Zhao spricht vom Weisen, der seine göttliche Klarheit nicht von den Dingen belasten lässt, der sich ein «wahres Herz» zunutze macht, so dass sich die Ordnung (*li*) ihm fügt und er ohne Anhaftungen bleibt und alles durchdringt. Ihm geht es um das Aufheben des Gegensatzes zwischen Selbst und den Dingen, Gedanken, die in ganz ähnlicher Form auch im zweiten Kapitel des *Zhuangzi* stehen. Es geht ihm darum, dass der Weise die zehntausend Dinge einfängt, indem er «ohne Herz», das heißt ohne Absichten, die vom Verstand kontrolliert werden, an sie herangeht, ein Gedanke, den zuvor schon Guo Xiang formuliert hatte.

Im Zusammenhang mit dem Umgang mit Dingen greift Seng Zhao auch auf die allgegenwärtige Theorie von der Bedeutung der Namen zurück: «Wenn du mit Dinghaftem ein Ding zu einem Ding machst, dann ist es möglich, das dinghaft Gemachte zu einem Ding zu machen ... Deshalb hängt ein Ding nicht am Namen, sondern richtet sich nach dem realen Sachverhalt, und ein Name hängt nicht am Ding, sondern wandelt in den Fußstapfen des Wahren. Wenn dem so ist, dann folgt daraus, dass die Wahrheit nur Ruhe findet jenseits der Namenlehre. Wie könnten wir sagen, dass sie mit Texten und Worten erörtert werden könnte? Doch da wir nicht aufhören und einfach schweigen können, wollen wir doch einige Worte machen, um sie zu fassen.»

Mit der «Namenlehre» sind die traditionell konfuzianischen, vielleicht auch daoistischen Lehren gemeint. Diese beantwortet Seng Zhao im Folgenden mit buddhistischen Texten, denen er entnimmt, dass die Kategorien Sein und Nichts für Dinge, die mit dem buddhistischen Wort *dharma* bezeichnet werden, nicht zutreffen. Aus der Unmöglichkeit, mit einem Namen die Realität eines Dings voll abzudecken und umgekehrt für ein Ding einen Namen zu finden, der das Ding abbildet, schließt Seng Zhao auf die Leere aller Dinge jenseits des einzig «Wahren».

Der wichtigste Essay des Seng Zhao ist der im Jahr 405 entstandene Traktat darüber, dass «Prajna-Weisheit ohne Wissen ist». Er beginnt mit Ausführungen über das hohle-dunkle Prajna, das eigentlich eins im Wahren sei, worüber aber von abweichenden Meinungen (*yiduan*, ein Terminus, der später von Neokonfuzianern gegen den Buddhismus gewendet werden sollte) seit Langem gestritten werde. Erneut spricht Seng Zhao davon, dass Weisheit und Klugheit so sublim seien, dass man sie nur schwer mit Worten oder Bildern ermessen könne, eine klare Anspielung auf die im *Buch der Wandlungen* und im *Zhuangzi* geäußerte Skepsis gegenüber Worten. Das weise Herz – und hier ist nicht klar, ob damit das indische *prajna* gemeint ist oder das chinesische Herz des traditionellen Weisen – wisse durch sein Nicht-Wissen alles. Diese Skepsis gegenüber dem Wissen erinnert wieder an traditionell chinesische Modelle, obwohl sie einer chinesischen Sutren-Übersetzung entnommen ist. Tatsächlich zitiert Seng Zhao zur Stützung dieser buddhistischen Aussage im Folgenden das dritte Kapitel des *Daode jing*, demzufolge der Weise sein Herz leer mache, dass er mit hohlem Herzen dunkel spiegele und so zu alleiniger Erkenntnis gelange.

Bei der Lektüre dieser Ausführungen zum Verhältnis des Weisen zu den Dingen erhebt sich der Verdacht, dass viele Inhalte buddhistischer Sutren, die hier neu in den chinesischen Wissenszusammenhang integriert werden, eher zum zusätzlichen Verständnis alten chinesischen Denkens genutzt werden, als dass dem chinesischen Leser neue indische Gedanken nahegebracht werden sollten. Dennoch führt Seng Zhao nun einen fiktiven Gesprächspartner ein, der die Namenlehre verteidigt und darauf verweist, dass man Namen aufstelle, um die Welt begreiflich zu machen, und deshalb nicht um dieses nichtwissenden Wissens willen auf sie verzichten könne: Entweder man wisse oder man wisse eben nicht. Seng Zhao erwidert erneut mit der sprachlichen Unfassbarkeit wahren Wissens, einem Sachverhalt, der das Erkenntnisvermögen der Namenlehre übersteige. Aber er fasst dieses Wissen in die Form des Weisen, der ruht und nicht tut, wobei gerade dadurch alles getan ist, so wie dies bei *Laozi* steht. Damit ist klar, dass die Berührung mit den buddhistischen Schriften für Seng Zhao zwar eine faszinierende Erfahrung ist, er aber noch nicht in der Lage gewesen ist, sie in sein Denken jenseits eines traditionell chinesischen Verstehenshorizontes zu integrieren.

Auf dem Weg zu einer chinesisch-buddhistischen Philosophie: Huayan-Buddhismus und Chan-Buddhismus

Einen Schritt weiter als Seng Zhao geht ein anderer buddhistischer Text, der für die Entwicklung einer eigenständigen chinesisch-buddhistischen Philosophie von zentraler Bedeutung war, nämlich der Essay *Erwachen zum Glauben im Mahayana Buddhismus* (*Dasheng qixin lun*). Dieser Text soll die Übersetzung des auf Sanskrit verlorenen Werkes *Mahayana Shradottpâda shastra* eines indischen Dichters namens Ashvagosha (ca. 80–150) sein. Aus verschiedenen Gründen sind in der sinologischen Forschung starke Zweifel daran verbreitet, dass es zu diesem Werk je ein Sanskrit-Original gegeben hat, auch wenn die Diktion des Textes sprachlich nicht sehr chinesisch klingt. Vor allem chinesische Wissenschaftler gehen davon aus, dass der Essay auf den vermeintlichen Übersetzer Paramârtha (499–565) zurückgeht, der ihn um die Mitte des sechsten Jahrhunderts auf Chinesisch verfasst habe. Jedenfalls begann das *Qixin lun* seine Wirkung im sechsten Jahrhundert zu entfalten. Die wichtigsten buddhistischen Schulen des Tang-zeitlichen China – etwa die Tiantai-Lehre, die Huayan-Schule, die auf das Girlandensutra zurückgeht, und der Chan-Buddhismus – haben Paramârtha eine konzise Vermittlung von Lehren der indischen Yogācāra-Schule (chinesisch *weishi* = Nur-Bewusstsein) zu verdanken.

Die Yogācāra-Schule geht von einer Zweiteilung des menschlichen Wesens aus. Auf der einen Seite gibt es die der «Wahrheit» *(zhenru)* verhaftete Buddha-Natur *(Tathâgatha garbha)*, auf der anderen Seite das vergängliche Wesen. Die Konstruktion der Welt wird allein vom menschlichen Verstand bzw. dem mit einem Speicherbewusstsein (*ālāyavijñāna*) ausgestatteten «Herzen» hervorgebracht. Diese Lehre wurde während der Tang-Zeit von dem wichtigen Übersetzer und Mönch Xuanzang (602–664) im *Cheng weishi lun* (Essay über die Vervollkommnung des Nur-Bewusstseins) in ausführlicherer Form einer breiten chinesischen Leserschaft zugänglich gemacht.

Paramârtha greift auf das von Wang Bi erstmals verwendete Modell von der Grundstruktur (*ti*) und seiner Wirkung (*yong*) zurück. Der Bereich der Grundstruktur ist für ihn die Ideenwelt, die es dem Menschen ermöglicht, die Leiden von Leben und Tod zu verlassen, während «Wirkung» die Verstrickungen in weltliche Angelegenheiten und menschliche Beziehungen bedeutet, die es dem Menschen erlauben, Keime des Guten zu entwickeln. Zwischen Grundstruktur und Wirkung siedelt der Traktat allerdings noch ein drittes Element an, nämlich die «Erscheinung» (*xiang*), die jedoch manchmal mit der Grundstruktur zusammen in Opposition zur Wirkung steht. Wissen, das mit der illusionären Außenwelt zu tun hat, ist zu unterscheiden vom «wahren Wissen» (*zhen zhi*), ein Begriff, der interessanterweise in einem der Anfangskapitel des *Zhuangzi* dem «wahren Menschen» zugeordnet ist.

Der *Essay über das Erwachen zum Glauben* spricht an einer Stelle von zwei verschiedenen Hindernissen, nämlich dem Hindernis der Leidenschaften und der Begierden, die das grundsätzliche wahre Wissen verstellen, und dem aus Unverstand resultierenden Hindernis *für* das Wissen. Dieses Hindernis verstellt das Wissen von den von-selbst-seienden Werken des Buddha in der Welt. Die Hindernisse tauchen zwei Jahrhunderte später im Tang-zeitlichen Buddhismus wieder auf, als ein weiterer vermutlich in China entstandener Grundlagentext mit dem Titel *Leitfaden zur ursprünglichen Erleuchtung* (*Yuanjue jing*) ebenfalls von zwei Hindernissen spricht, nämlich einem «*li*-Hindernis» und einem «Sachhindernis». Dabei sind die Sachhindernisse offenbar die Hindernisse auf dem Weg zur Erkenntnis, die in konkreten Dingen oder Ereignissen begründet sind. Hinter diesen Dingen oder Sachen liegen aber Ideen, Prinzipien oder eben absolute Wahrheiten (*li*). Durch sie verursachte Hindernisse sind weitaus schwerer zu erfassen und aus dem Weg zu räumen, denn sie betreffen die Wahrnehmung der Welt durch den Verstand oder die Vernunft.

Fazang (643–712), ein berühmter Lehrer des Huayan-Buddhismus, der sich das im fünften Jahrhundert ins Chinesische übersetzte *Girlandensutra* (chinesisch: *Huayan jing*) zum Vorbild nimmt, soll von der Tang-Kaiserin Wu Zetian (625–705) eingeladen worden sein, über die Hauptinhalte des Buddhismus zu referieren. Um sein Verständnis der Lehre zu illustrieren, soll er auf einen goldenen Löwen gezeigt haben, der im Palast stand, und anhand dieses Beispiels den Unterschied zwischen zugrundeliegenden Ideen und konkreten Sachen erläutert haben. Später verfasste er den kurzen, nur etwa 1500 Zeichen umfassenden Traktat vom «Goldlöwen» (*Huayan jin shizi zhang*). Darin erklärt er, dass es beim Löwen nicht auf die Gestalt ankomme, denn die äußerliche Erscheinung sei irrelevant und leer, sondern auf das goldene Material (*ti*). Das Gold setzt er im Folgenden mit der zugrundeliegenden Idee (*li*) gleich, den Löwen mit der Sache (*shi*). Beide bilden eine Einheit, die Fazang mit einem Verweis auf das berühmte Netz des Indra erklärt, das im *Girlandensutra* beschrieben ist und in dem alle einzelnen Schnüre durch mit Edelsteinen markierte Knoten miteinander verbunden sind.

Die Unterscheidung zwischen dem Bereich der Ideen *(li)* und dem der Sachen *(shi)* sollte später für die Weiterentwicklung der konfuzianischen Philosophie von besonderer Bedeutung sein. Zunächst jedoch wurde sie von Zongmi (780–841) aufgegriffen, einem buddhistischen Denker, der die entscheidende geistige Arbeit sowohl für die Entwicklung des Chan- (Zen) als auch für die des Huayan-Buddhismus geleistet hat. Während Zongmi die «Sachhindernisse» für eigentlich leicht lösbar und unproblematisch hält, thematisiert er vor allem den Begriff «*li*-Hindernis» und macht klar, dass es sich dabei um Hindernisse auf dem Weg zur Erkenntnis der *li*-Wahrheiten handelt. Die als Ratio verstandene höchste Wahrheit selbst war für ihn kein Hindernis, wie dies später Konfuzianer den Buddhisten vorwarfen.

Zongmi hat auch die Dichotomie von zugrundeliegendem

Wesen (*ti*) und Wirken (*yong*), in diesem Fall der Buddha-Natur, weiterentwickelt, die für das spätere konfuzianische Denken – und davon ausgehend das spätkaiserzeitliche Denken in China überhaupt – zentral ist. Nur die Erkenntnis des zugrundeliegenden Wesens führt für ihn zur Erleuchtung, das Heilswirken des Buddha ist sekundär.

Parallel zur buddhistisch-philosophischen Spekulation über den Gegensatz von abstrakten Wahrheiten und dinglichen Welten, die auf dem Huayan-Denken fußt, begann sich die chinesischste Form des Buddhismus, der Chan, herauszubilden. Dieser geht auf den indischen Mönch Bodhidharma (Mitte des fünften Jahrhunderts bis 528?) zurück, der um das Jahr 480 nach China kam und sich gegen Ende seines Lebens im Shaolin Kloster in der heutigen Provinz Henan niederließ, das heute für die Kampfkunst bekannt ist. Seine Auffassung des Buddhismus, die mehr auf Meditationspraktiken als auf intellektuellen Erörterungen fußt, führten während der Tang-Zeit mehrere Chan-Meister weiter. Der bedeutendste von ihnen war der sogenannte Sechste Patriarch Huineng (638–713). Sein in Meditationspose mumifizierter Körper ist im Nanhua Tempel in der Provinz Guangdong heute noch zu besichtigen – ob die Mumie echt ist oder nicht, sei dahingestellt. In der Kulturrevolution wurde der Tempel von den Roten Garden heimgesucht.

Huineng soll Analphabet gewesen sein. Mit ihm hielt ein dezidiert antiliterarisches Element im Chan Einzug, auch wenn auf ihn mit dem Plattform-Sutra ein literarisches Werk zurückgeht, in dem wir die Spiegelmetapher für das menschliche Herz wiederfinden, die schon Seng Zhao betont hatte. Das Plattform-Sutra, dessen früheste bekannte Fassung unter den Texten aus den wohl um 1000 verschlossenen Dunhuang-Höhlen gefunden wurde, erzählt zunächst davon, wie Huineng zum Patriarchen des Chan wurde. Es enthält dann seine Lehren über Prajna und über die Bedeutung der Meditation sowie Antworten auf Fragen aus einem Laienpublikum, vor dem Huineng auftrat. Einflüsse der Yogācāra-Lehren sind unverkennbar.

Das antiliterarische Element mag seinen Ursprung in der Skepsis gegenüber dem Geschriebenen haben, die wir schon im

Buch der Wandlungen und im *Zhuangzi* angetroffen haben. Zentrale Neuerungen von Huineng sind die Möglichkeit einer *plötzlichen* Erleuchtung im Gegensatz zur hart erarbeiteten *allmählichen* Erleuchtung und das Meditationsziel des «Nicht-Denkens». «Direkt auf das Herz [als Sitz des Verstandes] zeigen, das [Buddha-]Wesen erkennen und Buddha werden» (*zhizhi renxin jian xing cheng fo*) wurde zur Devise des Chan, ein Diktum, das sich in ganz ähnlicher Form auch bei Zongmi findet.

In seiner Folge etablierte sich die Tradition des sogenannten Gong'an (japanisch *Kôan*): Kurze buddhistische Anekdoten sollen zeigen, dass sich Realität und Wahrheit der verstandesmäßigen Logik entziehen. Häufig sind sie paradox. So fordert an einer Stelle ein Meister einen Schüler dazu auf, zu beschreiben, wie sich das Klatschen anhöre, wenn man nur eine Hand dafür verwende. An anderer Stelle fragt ein Schüler, wie ein Erleuchteter wieder in die Welt des Staubes zurückkehren könne, und erhält die Antwort: «Ein zerbrochener Spiegel reflektiert nie wieder. Abgefallene Blüten kehren nicht an ihre Zweige zurück.» Solche Gong'an finden sich in Sammlungen von Schüleraufzeichnungen (*yulu*), die zur dominierenden literarischen Ausdrucksform der Gedanken von Chan-Meistern werden sollten, die häufig nicht mehr selbst schrieben.

5. Der «Neokonfuzianismus» (ca. 1000–1900)

Die frühe chinesische Neuzeit

Der buddhistische Denker Zongmi hat in einem *Essay zur Ergründung des Menschen* die Positionen der konkurrierenden Philosophien der Konfuzianer und Daoisten in wenigen Worten zusammengefasst. Beide Lehren seien der Auffassung, Mensch und Tier seien sämtlich vom großen Weg der Leere und des Nichts geboren. Die Konfuzianer und Daoisten sagten, der Weg nehme sich das «‹Von-selbst-so-Sein› zum Vorbild», ein

Zitat aus dem *Daode jing*, und sei vom ursprünglichen Pneuma (*yuan qi*) geboren, einem Begriff, der in der Han-Zeit erstmals geprägt worden war. Dieses ursprüngliche Pneuma bringe Himmel und Erde hervor, und Himmel und Erde die zehntausend Lebewesen. Auch hier lehnt sich Zongmi an das *Daode jing* an. Daher sei das Leben des Menschen vom Himmel entworfen und durch eine Bestimmung zeitlich begrenzt, ein Gedanke, der eher in konfuzianischen Lehren zu verorten ist. Nach seinem Tod kehre der Mensch zu Himmel und Erde zurück und werde wieder zu deren Leere und Nichts. Natürlich weist Zongmi diese Idee, die dem karmischen Wiedergeburtsgedanken entgegengesetzt ist, zurück. Interessant ist an seiner Analyse, dass er Konfuzianismus und Daoismus als eine einheitliche autochthon chinesische Lehre zu verstehen scheint. Teile davon, besonders die Idee des Pneuma (*qi*), aus dem die Dinge und die Welt bestehen, beschäftigten die konfuzianische Renaissance im elften Jahrhundert.

Buddhistische Diskussionen waren der Auslöser für eine konfuzianische Erneuerung im elften und zwölften Jahrhundert, der die westliche Sinologie den wenig trennscharfen Namen «Neokonfuzianismus» gegeben hat. Die Bewegung selbst bezeichnete sich als «Lehre vom rechten Wege» (*daoxue*). Diese Lehre weist zwar buddhistische Ideen zurück, bleibt aber in ihrer Kritik von ihnen abhängig, denn sie vertritt Ideen der buddhistischen Philosophie, die sie konfuzianisch wendet.

Gegen den Buddhismus, der unter den Tang zur beherrschenden Doktrin geworden war, wuchs schon im achten Jahrhundert unter den Gelehrten der Widerstand, zunächst allerdings weniger wegen seines geistigen Einflusses als vielmehr wegen seiner ökonomischen Macht. Han Yu (768–824) hat den Buddhismus in zwei verschiedenen Traktaten angegriffen, einerseits in einem Essay gegen Verehrung buddhistischer Reliquien durch den Kaiser, andererseits in einem Text mit dem Titel *Ergründung des rechten Weges*. In diesem betont er das Primat der konfuzianischen Denker des chinesischen Altertums gegenüber buddhistischen und daoistischen Lehren und plädiert dafür, dass der Konfuzianismus auch die Hoheit über die philosophischen Begrifflichkeiten zurückgewinnen müsse. Auf Texte von Han Yu haben auch die Denker des elften Jahrhunderts gerne zurückgegriffen. Sie sind aber in philosophischer Hinsicht nicht so innovativ, dass eine Schilderung an dieser Stelle nötig wäre.

Neuerungen finden sich hingegen bei den fünf konfuzianischen Meistern des elften Jahrhunderts, Zhou Dunyi (1017–1073), Shao Yong (1012–1077), Zhang Zai (1020–1077) sowie den Brüdern Cheng Hao (1032–1086) und Cheng Yi (1033–1108). Diese Denker hat Zhu Xi (1130–1200) im zwölften Jahrhundert zur Gruppe der Fünf Meister der Lehre vom Rechten Wege zusammengeführt. Die ersten beiden haben sich bei der Entwicklung ihrer Gedanken zunächst vom *Buch der Wandlungen* leiten lassen, in dessen «Angehängten Worten» der Begriff des «Höchsten Äußersten» (*taiji*) auftaucht, der die beiden Urkräfte *yin* und *yang* hervorbrachte.

Zhou Dunyi hat in einem auf buddhistische und daoistische Vorbilder zurückgehenden Diagramm seine Weltvorstellung graphisch dargestellt (siehe van Ess, Der Konfuzianismus, S. 68). Über dem Diagramm schwebt als Überbegriff der Ausspruch «Ohne Äußerstes und gleichzeitig Höchstes Äußerstes», der durch einen leeren Kreis symbolisiert ist, wohl um auszudrücken, dass auch «das Höchste Äußerste» nicht denkbar ist. Darunter finden sich drei leere und drei volle Halbkreise, die einen kleinen Kreis umschließen und die Bewegung charakterisieren, die die Yang-Kraft ausmacht, und die Ruhe, die in der Yin-Kraft liegt. Diese Halbkreise wiederum ruhen auf fünf durch Linien miteinander verbundenen Kreisen, die für die fünf Elemente stehen. Unter diesen steht auf der linken Seite, unter dem Segment der Yang-Kraft, dass der Weg des Schöpferischen aus den Wandlungen das Männliche vollende, und auf der rechten Seite, unter dem Segment der Yin-Kraft, dass der Weg des Empfangenden aus den Wandlungen das Weibliche vollende. Ein letzter Kreis ist unterschrieben mit den Worten: «Die zehntausend Wesen werden im Wandel hervorgebracht.»

Auch Shao Yong nimmt in seinem monumentalen Werk *Schrift dazu, wie das Erhabene Äußerste die Zeiten ordnete* (*Huangji jingshi shu*) an vielen Stellen auf die *Wandlungen* und das «Höchste Äußerste» Bezug. Wie Zhou Dunyi geht es ihm um eine Erklarung der Entstehung der Welt aus dem Höchsten Äußersten und den Kräften *yin* und *yang*, in denen Göttliches und Wandlungen gestaltlos wirken. Zhang Zai hingegen hat ein eigenes philosophisches Werk mit dem Titel *Richtigstellung der in Jugendtorheit Befangenen* (*Zhengmeng*) geschrieben, in dem er die Theorie aufstellt, dass die «Höchste Leere» (*taixu*) ohne Gestalt sei und dass dies der ursprüngliche Zustand des Odems oder Pneumas gewesen sei. In diesem urstoffartigen Pneuma aber sind zwei Wesenheiten enthalten, nämlich *yin* und *yang*. Im gleichen Lebewesen befänden sich also immer zwei Entitäten. Wenn sich das Pneuma sammelt, dann entsteht ein Wesen, wenn es sich zerstreut, dann vergeht es. Nimmt Pneuma Gestalt an, so ergibt sich daraus ein Wesen (*xing*), wird diesem Bewusstsein hinzugefügt, so hat dieses Wesen «Herz» (*xin*). Von dieser Theorie ausgehend kommt Zhang Zai schließlich zu der Weltvorstellung, die er als Inschrift auf die westliche Wand seiner Unterrichtshalle geschrieben haben soll, damit seine Schüler sie ständig läsen. In diesem mit Klassikerzitaten gespickten Text heißt es:

> Das Schöpferische preiset als Vater, das Empfangende preiset als Mutter! Obwohl ich ihnen gegenüber so winzig bin, wohne ich doch ununterscheidbar davon in ihrer Mitte. Daher, was Himmel und Erde ausfüllt [nämlich das Schöpferische und das Empfangende] – wir sind Glieder davon; was Himmel und Erde lenkt – wir haben Teil an seinem Wesen. Das Volk entspringt aus demselben Schoß wie wir, zu den Lebewesen gehören wir dazu... Alle, die unter dem Himmel ermüdet, altersschwach, versehrt oder krank sind, die ohne Brüder oder ohne Kinder, die verwitwet und einsam sind, das sind die Mühseligen und Beladenen unter unseren Brüdern, die niemanden haben, dem sie ihr Leid klagen können... Reichtum und Adel, Segen und Fruchtbarkeit werden unser Leben angenehm machen; Armut und Niedrigkeit, Sorge und Kummer machen dich in der Vollendung zum Jadeschatz. Zu Lebzeiten erfüllen wir gehorsam unseren Dienst, im Tod erst finden wir Ruh!

Der Mensch ist ein Teil dessen, was den Raum zwischen Himmel und Erde erfüllt, und er hat dasselbe Wesen wie dieser Stoff. Deshalb entstammen alle Menschen demselben Mutterleib wie er, und alle Lebewesen gehören zu ihm. Alle Menschen sind Brüder und Schwestern, woraus sich die Pflicht zur fast christlich anmutenden Nächstenliebe für Arme, Schwache und Kranke ableitet. Gleichzeitig war Zhang Zai der erste der neokonfuzianischen Denker, der sich scharf vom Buddhismus abgrenzte, denn er hielt die konfuzianische Pneumatheorie, die wie die moderne Physik von der Unvergänglichkeit der Materie ausgeht, für unvereinbar mit der buddhistischen Vorstellung vom Aufgehen im Nirvana.

Die Brüder Cheng Hao und Cheng Yi sind uns vor allem durch Schüleraufzeichnungen (*yulu*) bekannt, ein Genre, das der Konfuzianismus in dieser Zeit von den Buddhisten übernommen hat. Mit den Cheng-Brüdern begann der Aufschwung der Lehre vom Rechten Weg. Cheng Yi war der wirkmächtigere der beiden, einerseits, weil er seinen Bruder um fast zwei Jahrzehnte überlebte, andererseits, weil er einen umfangreichen Kommentar zum *Buch der Wandlungen* verfasste, in dem er zentrale eigene Gedanken niederlegte. Die *Wandlungen* sind für ihn das Buch, in dem alle Situationen des Lebens stehen, mithilfe derer der Mensch in der Lage ist, gehorsam den Mustern zu folgen, die ihm durch sein Wesen vorherbestimmt sind. Im Vorwort zu diesem Kommentar schreibt Cheng Yi, dass das Allerkleinste oder Allerverborgenste die Muster oder zugrunde liegenden Ideen sind (*li*), während das Allerdeutlichste die Bilder sind, die in den 64 Hexagrammen des *Buchs der Wandlungen* zutage treten. Grundstruktur und Wirkung entsprängen der gleichen Quelle, zwischen Offensichtlichem und Verborgenem liege kein Zwischenraum. Von Bedeutung ist an dieser Stelle erstens, dass Cheng Yi von den Mustern spricht, die den Dingen zugrunde liegen, und zweitens, dass er das von Wang Bi, später aber auch aus dem Buddhismus bekannte *ti/yong* Modell verwendet, um deutlich zu machen, dass sich hinter den sichtbaren, mit klaren Handlungsanweisungen versehenen Bildern Grundmuster verbergen, die intellektuell zu durchdringen sind.

In den Schüleraufzeichnungen der Worte der Cheng Brüder finden sich zahlreiche weitere Erörterungen der genannten Begriffe, doch sollte es Zhu Xi vorbehalten sein, im zwölften Jahrhundert die Synthese zu erstellen, die für die nachfolgenden Jahrhunderte von entscheidender Wirkung war. Wie die Cheng-Brüder, so ist uns auch Zhu Xi nicht aus einem einzelnen herausragenden Werk des Philosophen bekannt, sondern es gibt wiederum eine umfangreiche Sammlung an Schüleraufzeichnungen. Sie beginnen mit Kapiteln über den Zusammenhang der maßgeblich von Zhang Zai erörterten Kategorie des Pneuma (*qi*) und der zugrunde liegenden Muster (*li*), deren Wesensart die Cheng-Brüder in Grundzügen erörtert haben. Zhu Xi philosophiert über den schwierigen Gedanken, ob die Muster der einzelnen Dinge oder aber gar ein allumfassendes transzendentes Grundmuster vor Beginn der Zeit dem Pneuma bzw. den aus Pneuma gebildeten konkreten Gegenständen vorausgegangen seien. Er fragt also, ob es vor der zu Formen gestalteten Welt, wie wir sie kennen, schon eine Idee gegeben hat, wie die Welt sein würde. Den naheliegenden Gedanken, dass es dann auch ein Wesen geben müsste, das unsere Welt geschaffen oder angestoßen hat, spricht er nicht aus. Seine Überlegungen nehmen fast den abendländischen Gedanken über das Ding an sich vorweg. Zhu Xi bleibt letztlich unentschieden; ohne den Buddhismus möchte das chinesische Denken den Schritt nicht gehen, einen metaphysischen Heilsgedanken zu formulieren. Von einer allgemeinen Erörterung der Beschaffenheit der Welt geht Zhu Xi schnell über zu dem Thema, das den Neokonfuzianismus eigentlich interessiert: der Mensch und seine physische, durch Pneuma vorgegebene Grundausstattung sowie seine geistigen und emotionalen Kapazitäten, die in seinem Wesen angelegt sind.

Über einige Kapitel zum richtigen konfuzianischen Lernen kommen die Aufzeichnungen von Zhu Xis Schülern wieder schnell zu den zentralen Werken, die der Meister in einen kanonischen Status erhob und damit zum ostasiatischen Wissensstandard des zweiten Jahrtausends machte. Neben den *Gesprächen des Konfuzius* und dem *Mengzi*-Text handelt es sich dabei um zwei Kapitel aus dem kanonischen *Buch der Riten*, nämlich das

«Buch vom Großen Lernen» (*Daxue*; oder aber: das Buch vom Lernen der Erwachsenen) und das «Buch von Maß und Mitte» (*Zhongyong*). In Vorworten zu seinen kommentierten Fassungen hat Zhu Xi zentrale Gedanken niedergelegt. Der Lernende müsse wissen, was ihm von seinem Wesen her an Fähigkeiten zugeteilt ist und was er an Pflichten zu leisten hat. Vor allem gilt es, sich des aus dem *Buch der Urkunden* bekannten Gegensatzes zwischen dem labilen Denken des Menschen und dem nur schwer erkennbaren Denken (oder auch: «Herz») des rechten Weges bewusst zu werden. Dieser Gegensatz resultiert einerseits aus dem Eigennutz, der aus dem Pneumatisch-Gestalthaften hervorgeht, und andererseits aus dem nur kleinen und deshalb schwer erkennbaren, aus Wesen und Bestimmung hervorgehenden Rechten, das aber doch in jedem auch noch so dummen Menschen angelegt ist. Das an himmlischen Mustern (*tian li*) orientierte, dem öffentlichen Wohl zugewandte Denken habe es schwer, den durch menschliche Begierden (*ren yu*) angelegten Eigennutz zu besiegen.

Zhu Xi hat sein Denken in zahlreichen Briefen und anderen kürzeren Schriften niedergelegt. Immer wieder kommt er dabei auf die Interpretationen zurück, die Cheng Yi zu Beginn des «Buches von Maß und Mitte» formuliert hat: Das Wesen (*xing*) des Menschen befindet sich vor der Entfaltung der Gefühle oder Wesenszustände (*qing*) von Freude und Trauer in seinem musterhaften (*li*) und wesenhaften Zustand, danach aber in einem Zustand, der maßgeblich vom Pneuma bestimmt ist, das die Welt durchflutet.

Die Summe des Denkens von Zhu Xi ist ein Werk mit einem Titel, der ein Zitat aus den *Gesprächen des Konfuzius* ist, nämlich die *Aufzeichnungen über Naheliegende Gedanken* (*Jinsi lu*). Dabei handelt es sich um ein aus vierzehn Kapiteln bestehendes Kompendium mit Aussprüchen von Zhou Dunyi, Zhang Zai und den Cheng-Brüdern. Shao Yong, den Zhu Xi erst später in die Genealogie der Meister des Neokonfuzianismus aufgenommen hat, ist darin noch nicht enthalten. Zhu Xi hat dieses Kompendium 1175 mit Lü Zuqian (1137–1181) zusammengestellt. Das Werk setzt sich aus vierzehn Kapiteln zusammen, deren Inhalte eine Vorstellung davon vermitteln, was den Neokonfuzianern an ihrer Lehre besonders wichtig war und was sie meinten, das ein Adept verstanden haben sollte.

Das erste Kapitel handelt nach Aussage des Enkelschülers von den Ursprüngen des Wesens und den leitenden Maßgaben des rechten Weges. Danach folgen die Grundsätze dazu, warum das Lernen für den Konfuzianer so wichtig ist: Einerseits muss er, wie im «Buch von Maß und Mitte» dargelegt, sein ursprünglich in ihm angelegtes tugendhaftes Wesen ehren (*zun de xing*), aber andererseits auch den Weg des ständigen Fragens und Lernens verfolgen (*dao wen xue*). Hat er dies getan, gilt es, das Wissen zu vervollkommnen, wofür das Bücherstudium das wichtigste Mittel ist. Darauf folgt das Bewahren und Nähren des Gelernten durch ständige Pflege und sogar durch Meditation. Nach dem Nähren kommt das Umsetzen in die Tat, dann die konkrete Anwendung in der eigenen Familie durch die Einhaltung von moralischen Regeln. Ein weiterer Bereich der Anwendung findet sich im siebten Kapitel, in dem es um die Frage geht, zu welchem Zeitpunkt es besser ist, ein Amt anzunehmen, und wann man besser zu Hause bleiben sollte. An achter Stelle folgt der «Weg der Regierung», und an neunter werden unterschiedliche Methoden beschrieben, wie richtig zu regieren ist. Konkrete Anwendungen des vorherigen Kapitels finden sich in Kapitel zehn, bevor in Kapitel elf erörtert wird, wie man das selbst Erlernte Anderen vermitteln kann. Kapitel zwölf erklärt, wie man sich selbst in Zucht hält und nicht von den eigenen Erfolgen dazu hinreißen lässt, Begierden zu befriedigen, die das Ziel der moralischen Herrschaft infrage stellen könnten. Zurückweisung anderer Lehren wie des Buddhismus und des Daoismus sind der Inhalt des dreizehnten Kapitels, bevor im letzten Kapitel gezeigt wird, wie die zuvor beschriebenen Grundsätze von Weisen und Würdigen vergangener Dynastien umgesetzt wurden. Hier kommt der Gedanke zum Ausdruck, dass der rechte Weg durch einzelne Auserwählte über viele Generationen tradiert wird. Auf chinesisch spricht man vom Konzept des *daotong*, der «durchgängigen Überlieferungslinie des rechten Weges».

Diese Summe fasst Sinn und Zweck des konfuzianischen Lernens zusammen. Für die philosophischen Grundlagen des chinesischen Denkens ist aber vor allem das erste Kapitel von Bedeutung, denn hier greifen Zhu Xi und sein Enkelschüler in kommentierender Form auf die Aussagen seiner Vorgänger zu den zentralen Dingen zurück, welche die Welt und den Menschen ausmachen. An den Anfang seiner Überlegungen hat Zhu Xi die Erörterungen des Zhou Dunyi zum «Höchsten Äußersten» gestellt. In seinen eigenen Schriften findet sich der Gedanke, dass vor Himmel und Erde dieses «Muster» (*li*) schon vorhanden gewesen sei. Das «Höchste Äußerste» sei der Weg «oberhalb der Form», wie es im *Buch der Wandlungen* schon heißt, die nächste Stufe, nämlich die beiden Urkräfte *yin* und *yang,* seien «Gefäße», die unterhalb der Form zu finden seien. An Zhou Dunyi schließt sich Cheng Yi mit seinen Auslassungen zum Beginn des «Buches von Maß und Mitte» an: Freude und Zorn, Trauer und Glück, die im menschlichen Wesen angelegt sind, entsprechen, wenn sie, noch nicht entfaltet im Zustand der Mitte sind, der großen Wurzel. Zhu Xi zufolge sind sie dann im Zustand des Wesens (*xing*), das der Himmel dem Menschen bestimmt hat. Alle Muster unter dem Himmel entstammen dieser großen Wurzel, sie ist die Grundstruktur (*ti*) des rechten Weges. Wenn sich die Gefühlsregungen, die Zhu Xi als unterschiedliche Zustände (*qing*) des Wesens versteht, in harmonischer Form entfalten, dann sind sie dem «Buch von Maß und Mitte» zufolge der vollkommene Weg. Die Handlungen aber, die daraus seit alters hervorgegangen sind, entsprechen dem Wirken (*yong*) des rechten Weges. Wesen und Zustand (*xing qing*) sind laut Zhu Xi zwei Aspekte ein und derselben Sache, sie sind Grundstruktur und Wirkung. Er zieht als Beispiel das Feuer heran, dessen Wesen und Zustand Hitze ist, während das Wasser sich durch Kälte auszeichnet. Gemeint ist, dass die Hitze für das Feuer wesenhaft ist, das Brennen aber die Wirkung ist. Wesen lässt sich der Sphäre des Musters (*li*) zuordnen, Zustand derjenigen des Pneumas, es ist materiell bedingt.

Zu dem Wesen, das vom Himmel gegeben ist, gehören nach Auffassung des Zhu Xi auch die konfuzianischen beziehungsweise menzianischen Kardinaltugenden. Unter ihnen ragt die Menschlichkeit als erste Tugend heraus, die immer wieder in unterschiedlicher Form definiert wird. Die Tugenden sind die musterhafte Form dessen, was sich auf der konkreten Ebene der gefühlsbedingten Zustände (*qing*) in Form von Mitleid, Abscheu gegenüber Bösem, Höflichkeit und dem Empfinden für richtig und falsch äußert. Das Herz (*xin*) leitet sowohl das Wesen als auch seine unterschiedlichen Zustände. Es ist das Prinzip des Zeugens, das im Himmel, aber auch in jedem Menschen angelegt ist. Sowohl Menschlichkeit als auch Gerechtigkeit oder Rechtlichkeit sind «Muster» oder zugrunde liegende Idee (*li*), «in einer Sache heißt es Muster, die Form, wie man die Sache einsetzt, heißt Gerechtigkeit». Und: «Was am Himmel Bestimmung heißt, das ist für das Gerechtigkeitsempfinden die vorgegebene Ordnung (*li*). Im Menschen ist es das Wesen (*xing*), wenn es Herrschaft über den Leib ausübt, ist es das Herz – doch in Wahrheit geht es immer um dasselbe.» Wesen und Muster oder vorgegebene Ordnung sind eins.

Für Zhu Xi ist das dem Menschen vom Himmel durch Bestimmung zugewiesene Wesen immer gut. Hierin folgt er dem Mengzi. Das, was den einzelnen Menschen als Wesen zugewiesen ist, ist aber nicht dasselbe, sonst würden sich die Menschen nicht unterscheiden. Es gibt aber auch Wesen, das allen Menschen als Muster (*li*) zugewiesen ist. Dieses Wesen ist in allen gleich, immer gut und kann nur durch äußere Einflüsse gestört werden. Neben dem Musterhaften gibt es die unterschiedlichen Begabungen des Menschen, die auf einen unterschiedlichen Grad an Reinheit des zugewiesenen Pneumas zurückzuführen sind. Im Sinne der Menschen als Gattung meint als Muster zugewiesenes Wesen die Natur des Menschen allgemein, wie also ein Mensch idealerweise ist. Wenn mit Wesen dagegen das Muster des einzelnen Menschen gemeint ist, dann bedeuten Muster und Wesen die individuelle Prägung, die ihm vom Himmel gegeben ist. Hieraus resultiert im politischen Denken die Pflicht des guten Herrschers, jeden Menschen an den Platz zu stellen, der ihm zukommt, damit er seine durch das eigene Muster und Pneuma möglichen Potentiale voll ausschöpfen kann. Lernen ist das Mittel, mit dem es jedem Menschen möglich ist, die Grenzen dessen zu erweitern, was ihm vom Himmel zugewiesen ist. Aus dieser Vorstellung resultiert die Pflicht eines jeden, sich durch das Studium der Dinge ständig weiter zu kultivieren.

Chen Chun (1159–1223), ein Schüler des Zhu Xi, hat ein Werk mit Definitionen verfasst, die *Wortbedeutungen des [Herrn] vom Nordbach* (*Beixi ziyi*), in denen er einige der wichtigsten Begrifflichkeiten der neokonfuzianischen Lehren erörtert. Er beginnt mit dem Wort «Bestimmung», bei dem er die vertrackte Frage behandelt, wer denn derjenige ist, der die Bestimmung aussendet, und wieso sie unterschiedlich sein kann. Um zu erklären, wer die Bestimmung aussendet, zieht Chen Chun unterschiedliche Standpunkte beziehungsweise Fragen heran: «Ohne dass einer etwas tut, wird etwas getan – das ist der Himmel. Ohne dass jemand etwas hinbringt, und es kommt doch etwas an, das ist Bestimmung.» Fast wie der aristotelische unbewegte Beweger hört sich das an, bevor Chen Chun fragen lässt: «Gibt es denn für das, was der Himmel bestimmt, tatsächlich droben ein Wesen, das dies anordnet und zuteilt, oder nicht?» Chen Chun antwortet, dass der Himmel eben einfach nichts weiter ist als Muster oder Grundordnung (*li*).

Das zweite zu definierende Wort «Wesen» (*xing*) überschreibt Chen Chun mit dem berühmtesten Satz des Zhu Xi: «Wesen ist eben Muster» und fragt: «Warum nennt man es dann nicht Muster, sondern Wesen?» Er antwortet: «Muster bezeichnet das allen Menschen und Lebewesen zwischen Himmel und Erde gemeinsame Muster, während Wesen das in uns [Menschen] befindliche Muster meint.» Das allen Lebewesen gemeinsame Muster wird an anderer Stelle als das Prinzip des Lebens beziehungsweise des Hervorbringens von Leben bezeichnet, eine Auffassung, die den fundamentalsten Gegensatz dieser Lehre zum Buddhismus ausmacht.

Das Herz, oder besser: der «Herzverstand» (*xin*), setzt sich aus einem Muster- und einem Pneumabestandteil zusammen. Die Aktion des Herzens geht vom Muster aus. Das Herz ist das «Herz des rechten Weges» *(dao xin)*. Es lenkt die Dinge aufgrund einer vorgegebenen Ordnung in die richtige Richtung.

Das vom gefühlsbestimmten Pneumabestandteil aus agierende «Herz des Menschen» *(ren xin)* steht dem Herz des rechten Weges entgegen und lenkt den Menschen leicht in die Irre. Das Herz weist die beiden Aspekte von Grundstruktur und Wirkung (*ti yong*) auf. Alle möglichen Muster aufzufassen, ist seine Grundstruktur, die Reaktion auf die Angelegenheiten seine Wirkung. Die Kapazitäten des Herzens im Aspekt der Grundstruktur beschreibt Chen Chun genauso wie die Buddhisten, die darin vom Girlandensutra beeinflusst sind: Es sei wie ein leerer Spiegel, der alle Dinge reflektiere.

Wesenszustände oder Gefühle (*qing*) sind laut Chen Chun dem Wesen entgegengesetzt. Sie sind natürlich, aber da sie vom Pneuma ausgehen, muss das Herz sie steuern, sonst gleiten sie in den Bereich der menschlichen Begierden ab. Für den Neokonfuzianismus bilden die menschlichen Begierden einen Gegensatz zum himmlischen Muster oder der Himmelsordnung. Erwähnt sei noch, dass bei Chen Chun auch die Begriffe des «rechten Weges» und des «Musters» definiert sind, wobei auch hier wieder die paradoxe Formulierung auftaucht, dass Weg und Muster im Grunde dasselbe meinen. Der Weg geht ursprünglich vom Himmel aus. In der Zeit, bevor es Himmel und Erde gab, gab es schon das Muster, doch sobald es das Muster gab, war auch schon das Pneuma da, und im Pneuma war immer Muster, so dass Muster alles Pneuma durchdrang. «Das, was oberhalb der Angelegenheiten und Lebewesen selbstverständlich ist, das ist eben Muster (oder Norm).» *Li*, das ist für Chen Chun die abstrahierte Idealvorstellung der konkreten Dinge.

Diese Dichotomien, die auf Zhu Xi zurückgehen, aber ursprünglich auf dem buddhistischen Gegensatz von abstraktem Muster (*li*) und konkreten Angelegenheiten (*shi*) aufbauen, finden sich bei den Cheng-Brüdern auch schon in der Konzeption der Vorstellung vom Wissen: «Wissen bedeutet, eine bestimmte Angelegenheit zu wissen. Etwas wahrnehmen bedeutet, ein bestimmtes Muster wahrzunehmen.» Schematisch lässt sich das Gebäude folgendermaßen darstellen:

In der Welt allgemein:

Oberhalb der Form *(xing er shang)*	Unterhalb der Form *(xing er xia)*
Grundstruktur *(ti)*	Wirkung *(yong)*
Höchstes Äußerstes *(taiji)*	Yin und Yang, Fünf Elemente
Muster, Ordnung, Norm *(li)*	Pneuma *(qi)*

Zeugt die zehntausend Dinge

Im Menschen:

Muster, Normen, Vernunft *(li)*	Pneuma *(qi)*

Herz *(xin)*

Wesen *(xing)*	Wesenzustände, Gefühle *(qing)*, aber auch Begabungen *(cai)*
Freude, Zorn, Glück, Trauer Nicht entfaltet: Mitte	Freude, Zorn, Glück, Trauer Entfaltet: Harmonie (ideal)
Kardinaltugenden: Menschlichkeit, Rechtlichkeit, Sitte, Wissen	Konkrete Empfindungen: Mitleid, Abscheu gegenüber Schlechtem, Höflichkeit, Empfinden für richtig und falsch
Himmlische Ordnung *(tian li)*	Menschliche Begierden *(ren yu)*
Herz des rechten Weges *(dao xin)*	Herz des Menschen *(ren xin)*
Wesen des Menschen ist gut, macht alles richtig	Gefahr des Absinkens in Schlechtigkeit, weist Verklumpungen auf
tugendhaftes Wesen *(zun de xing)*	Weg des ständigen Fragens und Lernens *(dao wen xue)*

Die Notwendigkeit zu lernen wird bei Zhu Xi mit seiner Lektüre des Ritentextes vom «Großen Lernen» begründet, in dem die Ordnung von Familie und Staat daran gekoppelt ist, dass der Einzelne zunächst sich selbst vervollkommnet. Dieser Vorgang beruht darauf, dass er sein Herz richtigstellt. Davor aber muss er sich aufrichtig machen und davor sein Wissen vervollkommnen. Die Vervollkommnung des Wissens aber setzt die Untersuchung der Einzeldinge voraus, so zumindest das bis heute gängige Verständnis des chinesischen Begriffs *ge wu*. Schon die Cheng-Brüder haben sich mit dieser Wortzusammensetzung befasst. In den folgenden Jahrhunderten wird sie erneut wichtig.

Die Herzensschule und das Denken des Wang Yangming

Die Begrifflichkeit der Lehre vom rechten Weg, die sich im elften bis dreizehnten Jahrhundert entwickelte, ist hier in einiger Ausführlichkeit dargestellt worden, weil sie das chinesische Denken bis zum Ende des Kaiserreichs geprägt hat. Schon früh haben sich aber Gegenspieler zu Wort gemeldet, die mit der Einteilung der Welt in die Kategorien des Zhu Xi unzufrieden waren. Unter den Zeitgenossen des Zhu Xi war der für die Nachwelt wichtigste Kritiker Lu Jiuyuan (Beiname Lu Xiangshan, 1139–1192), dessen berühmteste Botschaft lautete, dass der Kosmos ein und dasselbe wie das menschliche Herz ist. Diese Ansicht könnte auch buddhistisch sein, denn der chinesische Buddhismus nahm an, dass die Welt eine einzige Vorspiegelung des menschlichen Herzverstandes sei. Lu Xiangshan aber ging es darum, dem Herzverstand eine höhere Rolle einzuräumen als bei Zhu Xi, wo er einerseits nur als Kontrollorgan die Dinge in die richtigen Bahnen lenkt, wenn sie durch äußere Umstände ins Schlechte zu kippen drohen, und andererseits das Organ des Lernens des Einzelnen ist, mit dem dieser mühsam seine Denkblockaden beseitigen kann. Für Zhu Xi war das gute Wesen des Menschen die entscheidende Kategorie. Auch bei ihm lässt sich hier buddhistischer Einfluss feststellen, nämlich die Idee der in jedem Menschen inhärenten Buddhanatur.

Lu Xiangshan gab dem Denken des Einzelnen größeren Raum. Der Lernende müsse eigentlich nur eines verstehen, dass nämlich das Herz des Menschen so groß sei, dass derjenige, der in der Lage sei, die eigenen Verstandeskapazitäten völlig auszuschöpfen, mit dem Himmel eins sei. Jenseits des rechten Weges gebe es keine Angelegenheiten, und jenseits der Angelegenheiten keinen rechten Weg, und deshalb entsprängen die moralisch guten Anlagen letztlich seinem Herzen, nicht aber, wie Zhu Xi dachte, seinem Wesen. Wenn Laozi sagte, dass der Anstieg des Wissens durch Lernen mit einem Abnehmen des rechten Weges gekoppelt sei, dann nimmt dies die Kritik des Lu Jiuyuan an Zhu Xi vorweg. Auch glaubte Lu Jiuyuan nicht an die Dichotomie von himmlischer Ordnung und menschlichen Begierden. Obwohl Zhu Xi, der Lu Jiuyuan um acht Jahre überlebte, diesen der Nachwelt erfolgreich als einen Konfuzianer darstellte, der gefährliche Übereinstimmungen mit dem Buddhismus aufwies, ist nicht ausgemacht, ob nicht die Lehren des Zhu Xi eigentlich stärker vom Buddhismus beeinflusst waren als die des Lu Jiuyuan.

Lu Jiuyuan ist vor allem deshalb von Bedeutung, weil er als wichtigster Vorläufer des Wang Shouren (1472–1529) gilt, der unter seinem Beinamen Yangming besser bekannt ist. Dessen Abkehr von der Orthodoxie des Zhu Xi liest sich fast wie eine Parodie: Im Alter von zwanzig Jahren habe er in Peking beschlossen, das Muster oder Prinzip des Bambus zu untersuchen. Bekanntermaßen hatte Zhu Xi vorgeschrieben, dass der Weg zur Vervollkommnung nur über das Studium möglichst vieler Einzeldinge führe. Zusammen mit einem Freund setzte sich Wang Yangming vor einen Bambus und versuchte, die Prinzipien – hier passt das Wort für *li* – seines Wachstums herauszufinden. Der Freund gab nach drei Tagen auf, Wang Yangming nach sieben Tagen. Beide waren über ihren Bemühungen krank geworden. Jahre später hatte Wang ein Erleuchtungserlebnis, das an den Sechsten Patriarchen des Chan-Buddhismus erinnert. Das Erlebnis zeigte ihm, wie er die Prinzipien der Untersuchung auch ohne langes Studium der Einzeldinge verstehen konnte. Danach begann er, seine eigenen Theorien hinsichtlich der Einheit von Wissen und Handeln zu propagieren. Er kritisierte Zhu Xi dafür, den Herzverstand von der Erkenntnis der Dinge abgetrennt zu haben. Für Wang Yangming ist dem Menschen ein «gutes Wissen» (*liang zhi*) angeboren, ein Begriff, der auf *Mengzi* zurückgeht, aber nun mit einem Gehalt gefüllt wurde, der in Richtung des christlichen «Gewissens» geht. Aus diesem Grund kann der Mensch durch die Beschaffenheit oder auch Grundstruktur seines Herzens (*xinti*) die Dinge auch ohne langes Studium erkennen.

Auf Wang Yangming geht eine Sammlung von Sprüchen und gelehrten Briefen zurück, die von zwei seiner wichtigsten Schüler aufgezeichnet wurden. Sie trägt den Titel *Aufzeichnungen zur Weitergabe des Eingeübten* (*Chuanxi lu*), wieder ein Zitat aus den *Gesprächen des Konfuzius*, der davor warnte, erlernte Dinge weiterzugeben, die man nicht wirklich verstanden hatte. Zentral ist bei ihm die Auffassung, dass der menschliche Herzverstand und das Muster des menschlichen Wesens im Einklang miteinander stehen. Wie das Netz des Indra alle Fäden über kristallene Kugeln miteinander verbindet, so reflektiert das Herz alle möglichen Situationen des menschlichen Lebens. Der Mensch muss nur seinen eigenen inneren Spiegel polieren, nicht aber die Dinge der Außenwelt einzeln untersuchen. An jedem einzelnen Ding lässt sich die ganze Welt verstehen. Daher ist jahrelange Vorbereitung nicht nötig. Der Anhänger Wang Yangmings lernt anhand der Dinge, die er tut. Das menschliche Herz zappelt anfänglich wie ein Affe, es muss domestiziert werden durch Meditation und Übung, aber das mühselige Einzelstudium ist überflüssig, denn die Grundstruktur des Herzens ist ja schon Muster und Ordnung. Das Herz ist ursprünglich leer, und auch die Kardinaltugenden sind Gefühlsregungen, die erst durch den Kontakt mit Dingen auftreten. Sich selbst leer und unvoreingenommen zu machen ist die Voraussetzung für einen rationalen Umgang mit der Welt. Der Einfluss der Emotionen führt meist zur Übertreibung, und Übertreibungen widersprechen der ursprünglichen Grundkonstitution (*benti*) des Herzverstandes. Dieser ursprünglichen Grundkonstitution sind von der natürlichen Ordnung (*tian li*) her Grenzen gesetzt, die es einzuhalten gilt, und deshalb ist der zentrale Gegenstand des Erkenntnisstrebens die Grundkonstitution der Möglichkeiten des Herzverstandes. Diese Grundkonstitution ist natürlich dasselbe wie die Grundstruktur im *ti-yong* Modell, das die Neokonfuzianer des elften Jahrhunderts von den Buddhisten übernommen haben.

Während für Zhu Xi Wesen und Pneuma gleichzeitig und nicht ohne einander denkbar sind, fordert Wang Yangming den absoluten Primat des Herzens über das Pneuma und die damit verbundenen Gefühlsregungen und Triebe. Daraus resultieren Auffassungen zur Triebkontrolle, die denen des Buddhismus sehr ähnlich sind. Wang selbst räumt dies ein, kritisiert die Buddhisten aber dafür, dass sie sich die Sache zu leicht machten, wenn sie Triebkontrolle einfach durch Verlassen des zwischenmenschlichen Raums anstrebten. Der Konfuzianer hat die schwierigere Aufgabe, denn er muss sich innerhalb eines komplexen Geflechts menschlicher Beziehungen kontrollieren. Selbstlosigkeit bedeutet Übereinstimmung mit der vorgegebenen Ordnung oder dem idealen Beziehungsmuster. Daher rührt der Satz: «Der Herzverstand – nicht etwa das menschliche Wesen wie bei Zhu Xi – ist eben Muster.»

Wang Yangming wirft Zhu Xi vor, dass er den jungen Studenten überfordert, indem er ihm das abverlangt, was eigentlich erst ein reifer Mann zu erreichen vermag, und ihm damit die Möglichkeit nimmt, ein tätiges Leben zu führen und seine Ziele zu verwirklichen. Die Zhu-Xi-Schule fordert, dass der junge Mensch nach den Normen oder Idealvorstellungen sucht, die den einzelnen Dingen zugrunde liegen, weil er sonst, ungeachtet seines ursprünglich guten Wesens und verdunkelt von einer finsteren Pneumaaustattung, in Ausschweifungen und moralischer Verworfenheit lebt. Wang Yangming hält dagegen die menzianische Vorstellung vom «guten Wissen». Damit meint er das Vertrauen, dass der junge Mensch die Dinge intuitiv richtig machen wird und nicht gebremst werden sollte, wenn er moralisch gebildet ist, denn die «zehntausend Dinge und die zehntausend Angelegenheiten liegen nicht außerhalb unseres Herzverstandes»: Man kann verstehen, auch ohne das Lernen zu übertreiben.

Quelle des Übels im Menschen ist nicht sein Unwissen, sondern es sind die auf den Menschen einströmenden Einflüsse von außen. Ist das Herz aber durch Übung und Meditation gestärkt, einsichtig gemacht und seiner Eintrübungen bereinigt, so lässt sich diesen Einflüssen widerstehen. Die Muster der Dinge sind also nicht draußen in den Dingen, sondern sie sind drinnen im Herzen – und eigentlich gilt es nur, ein einziges Muster zu erkennen. Das Wissen, der geistige Ort des Musters, ist für Wang Yangming die Grundkonstitution (*ti*) des Willens. Die Dinge sind die Werkzeuge oder die Wirkung (*yong*) dieses Willens. Der Wille lenkt, und die Dinge wirken nicht umgekehrt auf den Willen.

In einem Essay des Wang Yangming heißt es, dass der Weise sich in patriarchalischer Weise um die Welt um ihn herum sorgt, dass er menschlich aus sich selbst heraus ist und Himmel und Erde und alle Dinge für eine große zusammenhängende Einheit, eine einzige Grundstruktur, eine große Gliederung oder ein Gitternetz (*yi ti*) hält. Er lehrt die Menschen, Egoismus aus ihren Herzen zu entfernen und das wiederzuerlangen, was ihren Herzen von der Grundkonstitution her gemein ist, was ihnen wesenhaft zugeteilt ist und nicht von Äußerem abhängt. Die Schule dient Wang Yangming zufolge nicht der Anhäufung von Wissen, sondern der moralischen Unterweisung. Kluge waren im vorbildlichen Altertum in den hohen Positionen des Staates, während sich die weniger Begabten mit ihrer Stellung zufriedengaben. Alle Menschen waren Brüder, und es gab keinen Unterschied zwischen dem Selbst und den Anderen oder zwischen dem Selbst und den Dingen. All dies hatte seine Ursache darin, dass das Lernen nur darauf ausgerichtet war, das wiederzuerkennen, was unserem Herzensverstand von Anfang an gemeinsam ist.

Um Zhu Xi zu widerlegen, hat Wang Yangming einen langen Text verfasst, in dem er den Ritentext vom *Großen Lernen* oder vom *Lernen der Erwachsenen* neu interpretiert. Die darin enthaltenen Gedanken sind auch in den *Aufzeichnungen zur Weitergabe des Eingeübten* enthalten und müssen daher an dieser Stelle nicht erneut aufgegriffen werden. Wichtig ist aber der

Hinweis darauf, dass Wang zu den Mitteln der Philologie griff, um nachzuweisen, dass der Begriff *ge wu* nicht, wie Zhu Xi dies interpretiert hatte, «die Dinge (*wu*) untersuchen (*ge*)» bedeutet, sondern dass das seltene und schwierige Zeichen *ge* eigentlich «korrigieren» oder «richtigstellen» heißt. Damit konnte er den Primat der intuitiven Erkenntnis des Richtigen und Guten, die ihm zufolge die ursprüngliche Konstitution unseres Herzverstandes ausmacht, vor dem mühseligen Studium der zahllosen festgelegten Muster beweisen. Die ultimative Pflicht des guten Konfuzianers ist ihm zufolge also, dass er erst einmal die nicht rechten Dinge beseitigen muss, die ihm im Wege stehen, bevor er seine eigene Person richtigstellt und das angeborene gute Wissen im eigenen Herzen wiederherstellt.

Die Gelehrsamkeit des ausgehenden Kaiserreichs

Wang Yangmings Philosophie des intuitiven guten Wissens und der daraus abzuleitenden Einheit von Wissen und sozialem Handeln hatte großen Einfluss auf die Weiterentwicklung des konfuzianischen Denkens nicht nur in China, sondern auch in Japan und Korea. Auch wenn Wang Yangming sich immer wieder vom Buddhismus abgrenzte, führte seine Betonung des «Herzverstandes» als des Organs, mit dem der Mensch die Welt denkt und lenkt, bei einer Reihe von Nachfolgern zu der Auffassung, die drei Lehren des Konfuzianismus, Daoismus und Buddhismus hätten letztlich alle dasselbe Ziel. Auf Chinesisch heißt das *san jiao he yi* (Die Drei Lehren vereinen sich im Einen). In China gab es eine größere Gruppe von Schülern und zum Teil entfernten Enkelschülern – unter anderem das *enfant terrible* Li Zhi (1527–1602), der die Autorität von Konfuzius infrage zu stellen wagte –, die geistesgeschichtlich interessant sind, in philosophischer Hinsicht jedoch wenig echte Neuansätze entwickelt haben. Dies gilt auch für viele der konfuzianischen Gelehrten, die beim Übergang von der Ming-Dynastie zur Qing-Dynastie im Jahr 1644 eine wichtige Rolle spielten. Die Machtübernahme der mandschurischen Qing, die sie als Nordbarbaren verachteten, weil sie keine Han-Chinesen waren, empfanden sie als Katastrophe. In ihrem Widerstand beriefen sie sich auf die konfuzianische Pflicht zu Treue und Loyalität zu einem Herrn. Huang Zongxi (1610–1695) schrieb einen wütenden Traktat über die Fehler im System des chinesischen Staates, bevor er begann, Philosophiegeschichte – oder besser Gelehrsamkeitsgeschichte – zu betreiben, indem er große Biographiensammlungen von konfuzianischen Gelehrten und Philosophen zuerst zur Ming- und dann zur Song- und Yuan-Zeit zusammenstellte. Jeder Biographie fügte er eine Art «Reader's-Digest»-Version der seiner Auffassung nach wichtigsten Äußerungen der Philosophen und Gelehrten bei sowie schematische Lehrer-Schüler-Genealogien. Diese Sammlungen waren von der ausgehenden Kaiserzeit bis weit ins zwanzigste Jahrhundert hinein ungemein einflussreich und beeinflussten maßgeblich die Rezeption der Philosophie des Neokonfuzianismus. Das hängt auch damit zusammen, dass viele vollständige Fassungen der Werke der behandelten Philosophen lange schwer zugänglich waren.

Zu dieser Zeit begann sich auch die Philologie von der Philosophie zu lösen. Statt über das Wesen des Menschen, seine Gefühlszustände oder der Welt zugrundeliegende Muster zu spekulieren, verlegten sich immer mehr Gelehrte darauf, philologische Studien zu den textlichen Grundlagen der kanonischen Schriften des Konfuzianismus anzustellen. Dass Weise des Altertums die Autoren gewesen seien, wurde für einige Schriften immer unwahrscheinlicher. Besonders bei einer Reihe von Kapiteln des *Buchs der Urkunden* stellte sich heraus, dass sie späteren Datums sein mussten. Das betraf zum Teil auch einige Kapitel, die Zhu Xi als Textgrundlage für seine Argumentationen gedient hatten. Mit der Einsicht, dass der Passus über das gute, aber nur sehr schwer zu erkennende Herz des rechten Weges nicht aus dem Altertum stammte, geriet auch die Theorie des Zhu Xi von dem positiven, alles umspannenden himmlischen Muster, das er den negativen menschlichen Begierden gegenüberstellte, ins Wanken. Dennoch sollte die Philosophie des Zhu Xi bis zum Ende des Kaiserreichs staatstragend bleiben.

Der bedeutendste Gelehrte, den das siebzehnte Jahrhundert in China hervorgebracht hat, ist Wang Fuzhi (1619–1692). Im zwanzigsten Jahrhundert wurde er als «materialistischer» Philosoph gepriesen, weil er sich für die Welt «oberhalb der Form», von der das *Buch der Wandlungen* spricht, nicht interessierte. Er wies Zhu Xis Kritik der menschlichen Begierden zurück und wandte sich gegen Spekulationen über die Welt vor den Dingen. «Unter dem Himmel gibt es nur konkrete Dinge, weiter nichts», sagte er in seinem wichtigsten philosophischen Werk, wieder einmal einem Kommentar zum *Buch der Wandlungen*. Der rechte Weg sei nur in Abhängigkeit von konkreten Dingen zu denken, und die Rede der *Wandlungen* von der abstrakten Welt «oberhalb der Form» habe nichts mit einer Welt ohne Form zu tun. Erst nachdem es die Formen gebe, sei ein «oberhalb der Form» überhaupt denkbar. Eine Grundstruktur (*ti*) sei nur über ihre Wirkung (*yong*) zu erkennen, nicht umgekehrt, Erkenntnis hat von den Dingen auszugehen, nicht von Ideen dazu, wie sie sein sollten. Die Dinge sind Pneuma, ein Muster ist nur über dieses materielle Pneuma zu sehen.

In ähnlicher Form wandten sich auch Yan Yuan (1634–1704), der ebenfalls das Pneuma für wichtiger hielt als die zugrunde liegenden Muster, und im achtzehnten Jahrhundert Dai Zhen (1723–1777) gegen die Orthodoxie der Cheng- und Zhu-Lehren. Das hatte sicherlich etwas mit der Niederlage der Ming-Dynastie gegen die Mandschu zu tun. Von den Ming meinte man, dass sie auch deswegen untergegangen seien, weil man sich unter ihnen zu sehr mit nutzlosen Spekulationen beschäftigt habe und zu wenig mit der Realität. Genauso wie sich aus der philologischen Wende zumindest teilweise ein impliziter Angriff auf die mandschurische Obrigkeit herauslesen lässt, welche die Lehren des Zhu Xi, die bei den zum Eintritt in den Beamtenstand obligatorischen Staatsprüfungen Standard war, als Orthodoxie hochhielt, so muss auch die Aversion gegen Abstraktionen in dieselbe Richtung interpretiert werden.

Dai Zhen ging in einem Brief so weit zu sagen, dass die Konfuzianer seiner Zeit anhand ihrer moralischen Ordnungsvorstellungen (*li*) Menschen mordeten. Wie der aus dem zentralchinesischen Hunan stammende Wang Fuzhi, aber auch schon Vorläufer und Zeitgenossen des Zhu Xi, vor allem die ebenfalls in Hunan verwurzelte Schule des Hu Hong (1105–1161), richtete er sich damit gegen die konfuzianische Moral. Sie sei buddhistisch und daoistisch beeinflusst und halte menschliche Begierden und himmlische Ordnung zu Unrecht für Gegensätze.

Solche Aussagen waren vor allem Kommentare zu Praktiken einer Zeit, in der Witwen in den Dörfern Ehrenbögen gebaut wurden, wenn sie sich nach dem Tod ihres Mannes selbst verbrannten. Seine wichtigsten Gedanken hat Dai Zhen übrigens in einem Werk niedergelegt, das auf der Grundlage der Terminologie des Buchs *Mengzi* ähnlich wie die *Wortbedeutungen des [Herrn] vom Nordbach* Definitionen zu philosophischen Grundbegriffen des Neokonfuzianismus gibt. Auch er wandte sich also der Philologie zu, um die philosophischen Konzepte seiner Vorgänger auf den Prüfstand zu stellen. Das gesamte erste von insgesamt drei Kapiteln des Werkes ist dem Begriff *li* gewidmet, das letzte übrigens dem Begriff des «Wägens der Umstände» (*quan*), der oben im Zusammenhang mit der legalistischen Philosophie erörtert worden ist. Dieses Wort ist für Dai Zhen ein Schlüsselbegriff, der den rigiden sozialen Ideen der Autoritäten seiner Zeit einen Riegel vorschiebt: Jede Regel will überdacht sein und den herrschenden Umständen angepasst werden, *quan* hat nichts mit Autorität oder Macht zu tun, sondern mit dem Abwägen von Entscheidungen.

6. Chinesische Philosophie unter dem Einfluss westlichen Denkens (seit ca. 1900)

Chinesisches Lernen und westliches Lernen

Dai Zhen war der Letzte in der Reihe von berühmten Philosophen, die sich mit den klassischen Themen des neokonfuzianischen Denkens beschäftigten. Die philologische Bewegung entfaltete im neunzehnten Jahrhundert immer mehr Wirkmacht. Ein wichtiger Zweig innerhalb dieser Schule begann zu behaupten, ganze Bücher des kanonischen Schrifttums seien in der Han-

Zeit gefälscht und dem frühen Altertum zugeschrieben worden. Diese Texte sollten nun durch andere, die «Neutexte», ersetzt werden, in denen ungehobene Schätze altchinesischen Denkens lägen, das durch die Fälschungen überlagert gewesen sei. Unter anderem sei in Vergessenheit geraten, dass Konfuzius nicht einfach nur Erzieher in sozialen Werten gewesen sei, sondern dass er das politische System seiner Zeit reformieren und als «ungekrönter König» gesellschaftliche Utopien verwirklichen wollte. Die hoffnungslose chinesische Unterlegenheit, die sich herausgestellt hatte, als im neunzehnten Jahrhundert europäische Kolonialmächte begonnen hatten, das Land gewaltsam ihren eigenen Handelsinteressen zu öffnen, führte zuerst zur unkonventionellen Suche nach Auswegen in den autochthon chinesischen alten Schriften, dann aber zur Entwicklung radikal neuer Ideen.

Kang Youwei (1858–1927), der 1898 mit dem Versuch einer groß angelegten politischen Reform scheiterte, schrieb zunächst zwei Bücher über das, was seiner Ansicht nach in den Auslegungen der kanonischen Schriften schief gegangen war und die in China selbst angelegten guten Ansätze überdeckt hatte. Während des Reformversuchs hatte man sich auf die Formel des Zhang Zhidong (1837–1909) verlegt, der das alte Modell von Grundstruktur und Wirkung auf die gegenwärtigen politischen Notwendigkeiten angewandt hatte: Chinesisches Lernen als Grundstruktur, westliches Lernen als Wirkung (*zhongxue wei ti, xixue wei yong*), lautete das Credo.

Westliches Wissen erreichte China häufig über den Umweg japanischer Übersetzungen, die von chinesischen Auslandsstudenten rezipiert wurden. Das hatte auch auf philosophischer Ebene Konsequenzen. Nach seinen Werken zur chinesischen Klassikergelehrsamkeit schuf Kang Youwei das *Buch von der Großen Einheit* (*Da Tong shu*), das allerdings erst Jahre nach seinem Tod 1935 publiziert wurde, so dass es schwer ist, die einzelnen Etappen seines Schreibens nachzuvollziehen. In diesem Werk beschrieb er einerseits den politischen Fortschritt von der Autokratie zum Konstitutionalismus, einer Regierungsform, die er selbst 1898 für China vorgeschlagen hatte, sowie schließlich vom Konstitutionalismus zur Republik, andererseits aber die Aufhebung der gesellschaftlichen Unterschiede zwischen Geschlechtern und Rassen. Die Auffassung davon war im China seiner Zeit stark von den evolutionistischen Lehren Herbert Spencers (1820–1903) geprägt, dessen Werk *The Study of Sociology* 1903 erstmals auf Chinesisch vorlag. Der Titel des *Buchs von der Großen Einheit* lehnte sich übrigens an eine Idee aus dem Kapitel «Umwälzungen der Sitten» (*Liyun*) aus dem *Buch der Riten* an, wohl der ersten großen Sozialutopie Chinas. Daran zeigt sich, wie sich bei Kang Youwei traditionell chinesisches mit westlichem Gedankengut vermischt.

Gleiches lässt sich auch über das Werk *Lernen von der Menschlichkeit* (*Renxue*) sagen, das Tan Sitong (1865–1898) verfasste, ein Weggefährte des Kang Youwei. Er ließ sein Leben im gescheiterten Reformversuch von 1898 und wurde damit für spätere Generationen zu einem der ersten Märtyrer des Anbruchs der chinesischen Moderne. Obwohl schon frühere Gelehrte wie Zhu Xi Essays über den zentralen konfuzianischen Begriff der «Menschlichkeit» verfasst hatten, war Tan doch der Erste, der ihr ein ganzes Buch widmete. Es kann neben buddhistischen Wurzeln auch christliche Einflüsse nicht verleugnen. Ideengeschichtlich ist die Bedeutung von Tan Sitong jedoch begrenzt.

Der Neukonfuzianismus und die Verteidigung der chinesischen Kultur

Zur Übersetzung westlicher Wissenschaftsliteratur und Philosophie griffen zunächst japanische und dann chinesische Übersetzer häufig auf buddhistische Texte zurück, denn die klassisch-chinesische Terminologie reichte für das diffizile neue Vokabular nicht aus. Buddhistisches Chinesisch hatte dagegen schon bei der Übersetzung von Sanskrittexten seit dem vierten Jahrhundert Erfahrungen mit der Umsetzung fremdsprachiger Gedanken ins Chinesische gesammelt und eine eigene Sprache entwickelt, die sich besser für die neue Herausforderung zu eignen schien. Dies führte dazu, dass sich neben Denkern, die sich vollständig der westlichen Philosophie und westlichem Denken zuwandten, andere auf die Suche nach buddhistischen Wurzeln machten, die sie mit konfuzianischem und westlichem Gedankengut zu verbinden suchten. Man findet Rückgriffe auf buddhistische Terminologie zum Beispiel bei Wang Guowei (1877–1927), der sich auf der Grundlage japanischer Übersetzungen mit Schopenhauer auseinandersetzte.

Nach den Demonstrationen am 4. Mai 1919, bei denen chinesische Studenten gegen eine Klausel im Versailler Vertrag protestiert hatten, in der die deutsche Kolonie Qingdao (Tsingtao) in Shandong an Japan abgetreten und nicht China zurückgegeben werden sollte, brach sich zunächst ein erheblicher Antitraditionalismus Bahn. Hu Shi (1891–1962) forderte als Mittel gegen den chinesischen Autokratismus, in dem er und andere den Grund für die chinesische Schwäche sahen, eine vollständige Verwestlichung, die besonders auf dem Gebiet von Philosophie und Wissenschaft nötig sei. Er stand auch an der Spitze der Bewegung, die es sich zum Ziel gesetzt hatte, die klassische chinesische Literatursprache durch ein geschriebenes Umgangschinesisch zu ersetzen. In ähnlicher Form äußerten sich die ersten Vertreter der kommunistischen Partei wie Chen Duxiu (1879–1942) und Li Dazhao (1889–1927). Gegen diesen Ikonoklasmus jedoch begannen sich einzelne kulturkonservative Stimmen bemerkbar zu machen, die sich dafür aussprachen, zumindest einzelne positive Aspekte der alten chinesischen Kultur und Philosophie zu bewahren. Dies geschah auch unter dem Eindruck, den der lange bewunderte Westen bei chinesischen Auslandsstudenten hinterließ. Viele Chinesen, die nach dem Ersten Weltkrieg zum Philosophiestudium nach Europa kamen, fanden dort zu ihrer Überraschung Verwüstungen und Armut vor.

Mehrere kulturkonservative chinesische Denker hatten zunächst Erfahrungen mit europäischer, insbesondere deutscher Philosophie gemacht oder einen Hintergrund im buddhistischen Denken. Dies traf zum Beispiel auf Liang Qichao (1873–1929) zu, einen Weggefährten Kang Youweis aus der Reformbewegung von 1898. Liang Shuming (1893–1988), der seine Karriere an der Peking Universität inmitten von Mitgliedern der Neuen Kulturbewegung des 4. Mai als Lehrer für indische Philosophie begann, nachdem er 1913 Buddhist geworden war, ging nicht nach Europa, aber er schrieb, wie mehrere seiner Kollegen, ein einflussreiches Werk über die Unterschiede zwischen der europäischen und der chinesischen Kultur. Für die chinesische Seite stützte er sich dabei – wie viele Neokonfuzianer – auf das *Buch der Wandlungen*, während er für Europa Bergson und Schopenhauer heranzog, den er vermutlich über Wang Guowei kennengelernt hatte. Den Westen sieht Liang als eine Kultur des unbändigen Willens und der Erfüllung der Begierden, gleichzeitig als eine Kultur des Verstandes. China sei demgegenüber vernunftgeprägt und habe gerade deshalb bestimmte demokratische Institutionen nicht entwickelt. Doch letztlich ist diese Liebeserklärung an China, die gleichzeitig von Respekt für die abendländische Kultur gekennzeichnet ist, kaum philosophisch zu nennen.

Xiong Shili (1885–1968) kam 1919 durch eine Begegnung mit Liang Shuming mit dem Buddhismus in Berührung, nachdem er wie viele seiner intellektuellen Zeitgenossen eine Karriere als Revolutionär hinter sich hatte. Er begann sich mit der Yogācāra-Lehre zu befassen, der von Denkern wie Yang Wenhui (1837–1911) oder Ouyang Jingwu (1871–1943) neues Leben eingehaucht worden war. Er wurde Liangs Nachfolger an der Peking Universität und setzte sich dort an eine Neufassung des buddhistischen *Cheng Weishi lun*. Später schrieb er seine Version in konfuzianischer Weise um, was ihn zu einem Vorläufer der neukonfuzianischen Lehre macht. Er stützt sich auf die «Herzverstandlehre» des Wang Yangming und argumentiert ganz traditionell, dass Himmel und Mensch eine Einheit bilden sollten. Vor allem hat Xiong Shili einen Essay verfasst, dem er den Titel *Essay über Grundstruktur und Wirkung* gegeben hat, in dem er die alte Theorie vertritt, dass Grundstruktur und Wirkung nicht ohne einander sein können. Ohne die westliche Philosophie ausreichend zu kennen, kritisiert er sie dafür, dass sie sich zu sehr für äußere Dinge interessiere und zu wenig für die Einheit von Grundstruktur und Wirkung. Xiong hat sich stark auf die Theorien des Neokonfuzianismus gestützt. Neu an seiner Lehre ist, dass er bewusst vom Yogācāra-Buddhismus kam und neokonfuzianische Lehren mit ihm zu verschmelzen suchte. Xiongs eigene philosophische Originalität hält sich in Grenzen. Seine philosophiegeschichtliche Bedeutung liegt eher darin, dass er nach dem Sieg der Kommunistischen Partei 1949 in der Volksrepublik China blieb und versuchte, in deren Anfangsjahren Mao Zedong und andere von der Notwendigkeit zu überzeugen, die konfuzianische Tradition zu bewahren. Erst spät in seinem Leben scheint er Kompromisse eingegangen zu sein und sozialistische Elemente in sein Gedankengebäude aufgenommen zu haben, ohne dass klar ist, wie sehr er diese auch wirklich internalisiert hat.

Xiong Shili muss ein inspirierender Lehrer gewesen sein, denn mehrere seiner Schüler sind zu bedeutenden Neukonfuzianern geworden, etwa Tang Junyi (1909–1978), Xu Fuguan (1903–1982) und Mou Zongsan (1909–1995). Wie Xiong Shili hatte auch Tang Junyis Vater einige Zeit bei Ouyang Jingwu gelernt. Tang Junyi selbst kam mit siebzehn Jahren nach Peking, wo er unter dem Einfluss von Liang Shuming stand, bevor er 1927 begann, bei Xiong Shili zu studieren. Nach Abschluss seines Studiums lehrte Tang Junyi an mehreren Universitäten in Südchina, bevor er im Zuge der Revolution 1949 das Land verließ und mit Gesinnungsgenossen das «New Asia College» gründete. Das Institut wurde bald zum intellektuellen Zentrum außerhalb der Volksrepublik China und 1963 Gründungsmitglied der Chinese University of Hongkong.

Neben Büchern zum moralischen Selbst des Menschen verfasste Tang Junyi 1953 ein Werk mit dem Titel *Geist und Wert der chinesischen Kultur*. Weitere Werke zum humanistischen Geist der chinesischen Kultur sollten folgen, bevor er kurz vor seinem Tod sein Hauptwerk mit dem Titel *Die Existenz des Lebens und der Horizont des Geistes* veröffentlichte. Darin beschreibt er neun Sphären des menschlichen Lebens und Geistes, in denen es um Kausalität, Sinneswahrnehmung, Verstand, Moral, die buddhistische Leere und schließlich um das Wirken des Himmels geht. Auch wenn der Buddhismus, an dessen Tang-zeitliche Klassifizierungssysteme die neun Sphären angelehnt sind, bei ihm eine wichtige Rolle spielte, ging es Tang Junyi letztlich um eine Ehrenrettung des konfuzianischen Humanismus, der in einer modernen Welt Bestand haben sollte.

Gleiches gilt für Mou Zongsan (1909–1995), der, aus Shandong stammend, ebenfalls an der Peking Universität studierte und sich zunächst mit dem *Buch der Wandlungen* auseinandersetzte. Gleichzeitig versuchte er, traditionelle chinesische Theorien wie diejenige vom «guten, intuitiven Wissen», die auf Wang Yangming zurückgeht, als wichtig für das absolute moralische Subjekt in die Gegenwart zu retten. Mou schrieb außerdem Aufsätze gegen die chinesischen Marxisten, deren Programm der Angriff auf die traditionelle chinesische Kultur war, und den dialektischen Materialismus. Nach der Machtübernahme Mao Zedongs floh er nach Taiwan, wo er begann, auf der Grundlage englischer Übersetzungen Kant ins Chinesische zu übertragen. Später hat Mou versucht, eine Brücke zwischen chinesischer und westlicher Philosophie zu schlagen. Einerseits brachte er den kantischen Autonomiebegriff mit *Mengzi* in Verbindung, andererseits verglich er die Aporie der Gottesvorstellung in der westlichen Philosophie mit der chinesischen Weigerung, das Jenseitige zu erörtern.

Das monumentale Hauptwerk von Mou Zongsan trägt den Titel *Grundstruktur des Herzverstandes und Grundstruktur des [menschlichen] Wesens* (*xinti yu xingti*), der anzeigt, wie sehr Mou in der Begrifflichkeit von Wang Yangming verhaftet ist – Zhu Xi spielt bei ihm eine untergeordnete Rolle. Hier setzt sich Mou kritisch mit Kants Begriff der Autonomie des moralischen Subjekts auseinander, weil er meint, Kants moralisches Subjekt habe nicht die gleiche Möglichkeit zu handeln, wie dies im Konfuzianismus eines Wang Yangming der Fall ist.

Xu Fuguan (1903–1982), der dritte Philosoph, der unter dem Einfluss von Xiong Shili stand, studierte in der chinesischen Provinz Hubei und in Japan und ging dann zum Militär, wo er 1943 Xiong Shili begegnete. Xu gehörte zum engeren Zirkel um Chiang Kai-shek und floh mit ihm 1949 nach Taiwan. Dort unterrichtete er, bis er 1969 nach Hongkong an das New Asia College wechselte. Xu ist mehr als Historiker in Erscheinung getreten, doch schloss er sich in der Diskussion über das konfuzianische Erbe mit philosophischen Kollegen zusammen. Xu bezog Position für das konfuzianische Denken, in dem er die Keime zu Demokratie und Wissenschaft sah, eine Meinung, die von vielen Liberalen der damaligen Zeit in Hongkong genauso wenig geteilt wurde wie von der Führung der Volksrepublik China. Aus den konfuzianischen Morallehren schloss Xu außerdem, dass Politik auf Moral basieren müsse. Auf die Frage, warum die konfuzianische Kultur den Despotismus nicht überwunden und ein demokratisches System etabliert habe, antwortete er, dass der ursprüngliche Konfuzianismus nur vor der Qin-Zeit bestanden habe und danach bis zur Unkenntlichkeit in eine autokratische Richtung gelenkt worden sei. Damit wandte er sich gegen Qian Mu (1895–1990), den vielleicht bedeutendsten Philosophiehistoriker des Neuasien College, den die Kommunistische Partei 1949 zum Reaktionär erklärt hatte. Qian war der Auffassung, dass die Gelehrtenherrschaft des traditionellen China in demokratischen Gedanken verwurzelt gewesen sei.

Zu den Philosophen, die versuchten, an den traditionellen Konfuzianismus anzuknüpfen, und deshalb die Volksrepublik China 1949 verließen, gehört auch Zhang Junmai (1887–1968), in den USA besser bekannt als Carsun Chang. Er führte nach 1949 ein rastloses Gelehrtenleben in Indien und den USA. Zhang stammte aus der Nähe von Shanghai, erhielt eine traditionelle Ausbildung und studierte von 1906 bis 1910 in Japan, wo er sich im Selbststudium Deutsch beibrachte. Nach kurzer politischer Karriere in China verließ er nach Meinungsverschiedenheiten mit dem Staatspräsidenten Yuan Shikai (1859–1916) das Land und begann ein zweijähriges Studium in Berlin. Er war 1919 Teil der nicht-offiziellen chinesischen Delegation, deren Hoffnungen darauf, die deutsche Kolonie in China zurückzuerhalten, in Versailles zerstört wurden. Anfang 1920 kam Zhang nach Jena, wo er den Neukantianer Rudolf Eucken (1846–1926) traf. Mit ihm zusammen verfasste er das Buch *Das Lebensproblem in China und in Europa*, in dem er auf siebzig Seiten die chinesische Geistesgeschichte darstellte. Dabei legte er großen Wert auf die Lehren von Zhu Xi, dessen Musterbegriff *li* er als «Vernunft» versteht, während er das Pneuma als

«Lebenskraft des Menschen» wiedergibt. Wang Yangmings Satz, dass der Herzverstand musterhaft sei, heißt bei ihm einfach «Das Herz ist Vernunft», und der Wissensbegriff Wangs ist für ihn moralisches Wissen. Nach seiner Rückkehr nach China wirkte Zhang dort als Vermittler deutscher Philosophie, wobei er die Grundlage für die Entwicklung Chinas in der eigenen Kultur sah. Subtil kommt bei ihm der Primat der Moral des Wang Yangming immer wieder zum Tragen.

Zusammen mit Tang Junyi, Mou Zongsan und Xu Fuguan veröffentlichte Zhang Junmai 1958 in der von Xu Fuguan herausgegebenen Zeitschrift *Demokratische Kritik* (*Minzhu pinglun*) einen langen Essay mit dem Titel «Manifest über die chinesische Kultur, gerichtet an die Welt», der die westliche China-Wahrnehmung kritisierte: Die Missionare seien nur daran interessiert gewesen, in der chinesischen Kultur Elemente zu finden, die mit dem Christentum vereinbar seien, die Sinologen seien wissenschaftlich neugierig, aber nicht empathisch, und die China-Watcher, eine Spezies, die sich vor allem in den USA nach 1945 breitmachte, seien nur politisch interessiert. Besonders die letzte Gruppe hatten die Verfasser des Manifests im Visier, denn viele der amerikanischen China-Beobachter waren der Auffassung, der diktatorische Kommunismus Mao Zedongs sei nur eine normale Fortsetzung der konfuzianischen Autokratie. Man könne daher von China ohnehin nicht mehr erwarten als das, was sich vor den Augen einer erschrockenen Weltöffentlichkeit während kommunistischer Kampagnen wie dem Großen Sprung nach vorn (1958) abspielte, der eine verheerende Hungersnot nach sich zog. Zhang Junmai und seine Kollegen forderten vom Westen mehr Respekt und Sympathie für die chinesische Kultur sowie die Erkenntnis, dass die Moralphilosophie eines Wang Yangming den chinesischen Menschen noch immer präge und dass darin eine religiöse Dimension enthalten sei, die man China im Westen oftmals absprach. Das Manifest belegt, wie sehr das Philosophieren den Neokonfuzianern ein politisches Anliegen war: Chinesische Philosophie diente in ihren Augen niemals nur dem abstrakten Ziel, die Wahrheit zu finden, sondern hatte immer die Verbesserung der Gesellschaft vor Augen.

Neukonfuzianismus in der Volksrepublik China

In der Volksrepublik China hatte die chinesische Philosophie gegen den Marxismus einen schweren Stand. Mao Zedong (1893–1976) war schon früh mit den Lehren von Marx und Lenin in Berührung gekommen, eine tiefere Beschäftigung mit ihren Lehren begann aber erst 1937. Wieviel von Marx Mao wirklich rezipiert hat, ist schwer zu sagen, klar ist aber, dass er der erste in einer Reihe von sozialistischen Führern in China war, der versuchte, dessen Grundgedanken auf die chinesische Wirklichkeit anzuwenden. Die Ausbildung von Mao war ursprünglich eine traditionell chinesische gewesen, und so verwundert es nicht, dass er in seinen Schriften immer wieder auf traditionelles Gedankengut verweist. Vermutlich hat ihn die Lektüre von Schriften von Ai Siqi (eigentlich Li Shengxuan, 1910–1966) stark beeinflusst. Ai wiederum kannte den Marxismus aus japanischen Übersetzungen wichtiger Texte wie des *Kommunistischen Manifestes*. Darauf aufbauend schrieb Mao Zedong 1937 seinen wohl berühmtesten Essay *Über den Widerspruch*, in dem er die Metaphysik als bourgeois und metaphysisch verurteilt. So wie die frühen chinesischen Buddhisten den Buddhismus kaum verstanden und ihn in die Sprache der Lehre vom Dunklen kleideten, so wenig verstand Mao westliche Metaphysik. Für ihn war sie gleichbedeutend mit der chinesischen Lehre vom Dunklen.

Der Gedanke des Widerspruchs hingegen, der eigentlich auf die Dialektik Hegels zurückgeht, faszinierte Mao, denn mit ihm konnte er sämtliche politischen Umbrüche erklären. Widerspruch ist bei ihm der notwendige Hebel jeder Veränderung. Mit seinem Essay begründete Mao seine Stellung als Theoretiker. Zahlreiche weitere Aufsätze folgten, wobei er oft auf klassische chinesische Philosophie zurückgriff, so, als er 1945 auf einem Parteitag eine Parabel aus dem Buch *Liezi* zitierte, um die Notwendigkeit des Kampfes gegen Imperialismus und Feudalismus zu veranschaulichen. Ein philosophisch zu nennendes Gedankengebäude hat Mao nicht hinterlassen, auch wenn er der erste KP-Führer war, dessen Werke in einer mehrfach neu aufgelegten und jeweils den Notwendigkeiten der Zeitläufte angepassten vierbändigen Ausgabe in millionenfacher Ausgabe herausgebracht wurden. Die berühmten *Worte des Vorsitzenden Mao (Mao zhuxi yulu)* speisen sich aus den dort versammelten Texten. Bemerkenswert ist die Tatsache, dass der Begriff «Worte» im Titel derselbe ist, der bei den neokonfuzianischen Meistern und im Chan-Buddhismus schon auftaucht und eigentlich «Schüleraufzeichnungen» bzw. «Aufzeichnungen der Worte» heißt. Auch die *Gespräche des Konfuzius* könnten bei der Wahl des Titels Pate gestanden haben. In ähnlicher Weise erinnert auch die kanonische Vierzahl der Werke Maos an die *Vier Bücher*, die Zhu Xi herausgegeben hat. Intereressanterweise sind auch den Gedanken der Nachfolger Maos, nämlich Deng Xiaoping (1904–1997), Jiang Zemin (1926-) und jüngst auch Xi Jinping (1953-) jeweils vierbändige Ausgaben gewidmet worden.

Zwei Personen verdienen es, unter den neukonfuzianischen Denkern herausgehoben zu werden, die sich dem Trend zur Bevorzugung westlicher Ideen auf der Grundlage des Marxismus entzogen. Der Erste von ihnen ist der Philosophiehistoriker Feng Youlan (1895–1990), der nach der Mittelschule in Shanghai ab 1915 an der Peking Universität chinesische Philosophie studierte, obwohl er eigentlich westliche Philosophie hatte hören wollen. 1919 ging er nach New York, wo er 1923 von John Dewey promoviert wurde. Nach seiner Rückkehr nach China verfasste er 1931 und 1934 auf der Basis von Vorlesungsskripten eine *Geschichte der chinesischen Philosophie* in zwei Bänden, die ihm schnell großen Ruhm einbrachte und die bis weit in die zweite Hälfte des zwanzigsten Jahrhunderts hinein das Standardwerk zu diesem Thema bleiben sollte. Dazu trug auch bei, dass das Werk schnell von Derk Bodde ins Englische übersetzt wurde und so die westliche Rezeption chinesischer Philosophie maßgeblich prägte. 1939 schrieb Feng Youlan ein Werk, dem er den Titel *Eine neue li-Lehre* (*Xin lixue*) gab. Er versucht darin, den Konfuzianismus Zhu Xis zu erklären, allerdings wurde ihm vorgeworfen, den Konfuzianismus zu sehr von Platon und Aristoteles aus zu verstehen und ihm damit nicht gerecht zu werden. Tatsächlich hat der buddhistische Dualismus von *li* (Muster) und *shi* (Sache), mit dem Zhu Xi operiert, durchaus Ähnlichkeiten mit den altgriechischen Dichotomien von Ideen und Dingen oder Form und Stoff, und man muss sich fragen, ob nicht eine gegenseitige Beeinflussung auch schon in älterer Zeit möglich gewesen sein könnte. Das Philosophieren Fengs ist ansonsten recht traditionell, in seiner Terminologie bleibt er den Neokonfuzianern der Song-Zeit stark verhaftet, auch wenn er hier und da an Zhu Xi Kritik übt.

Feng Youlan blieb 1949 in Peking, obwohl Chiang Kai-shek ihm anbot, mit einer Maschine der Guomindang nach Taiwan zu fliehen. Er versuchte in den fünfziger und zu Beginn der sechziger Jahre, konfuzianische Werte wie die «Menschlichkeit» als universal zu verteidigen, wurde aber mehrfach zu Selbstkritik gezwungen, weil seine Auffassungen den Meinungen von maßgeblichen Teilen der kommunistischen Führung zuwiderliefen. Seine *Geschichte der chinesischen Philosophie* schrieb er später in sieben Bänden neu. Dabei verwendete er, wie viele seiner Zeitgenossen, zur Klassifizierung hauptsächlich die Termini des Materialismus (*weiwu zhuyi*) und des Idealismus (*weixin zhuyi*), wobei das Wort Materialismus über lange Zeit ein Lob darstellte, während Idealismus zumeist mit Kritik verbunden war.

He Lin (1902–1992) war der zweite Philosoph, der das Angebot Chiang Kai-sheks zur Staatshilfe bei der Flucht nach Taiwan ablehnte. Auch er studierte zunächst an der Tsinghua-Schule, die später zur zweiten großen Universität Pekings werden sollte. 1926 ging er in die USA und begann sich dort für Hegel zu interessieren, ein Interesse, das ihn 1930 nach Berlin führte, wo er bei Nicolai Hartmann und Wilhelm Dilthey lernte. Als Japan 1931 in die Mandschurei einmarschierte, kehrte er nach Peking zurück und unterrichtete an der Universität Hegel und Spinoza. He Lin ist vor allem als Vermittler der Philosophie Hegels von Bedeutung und hat nur wenig publiziert, was ihn als Neukonfuzianer ausweist Allerdings schrieb er in den vierziger Jahren mehrere Aufsätze, in denen er Zhu Xi und Hegel miteinander verglich und die Meinung vertrat, dass der rechte Weg eine universale Kategorie sei, die genauso wie der Dualismus von *ti* (Grundstruktur) und *yong* (Wirkung) für West und Ost gelte. Das Erkenntnisstreben sei für alle Weisen derselbe Antrieb, ob sie nun in China oder im Westen geboren seien.

1947 veröffentlichte He Lin seine *Gegenwärtige chinesische Philosophie*, in der er die Meinung vertritt, dass der Neukonfuzianismus des zwanzigsten Jahrhunderts einen Sieg des von Lu Xiangshan und Wang Yangming vertretenen Denkens darstelle, denn deren Philosophie des Herzverstandes betone das Selbstbewusstsein des Individuums gegenüber der Autorität der Tradition. Alle maßgeblichen Denker des neuen Zeitalters seien von Wang Yangming beeinflusst. Dies treffe nicht nur auf die Konfuzianer zu, sondern sogar auf Buddhisten wie Ouyang Jingwu. Die Lehren des Zhu Xi hingegen seien zum Absterben verurteilt, denn sie seien nur noch repräsentativ für ein altes soziales Unterdrückungssystem. Diese Auffassung passte gut in die Zeit nach der Machtübernahme der Kommunisten. He wandte sich damit auch gegen Feng Youlan.

Die Kulturrevolution stellte in Festlandchina einen massiven Bruch mit dem alten philosophischen Denken dar, der einer Wasserscheide gleichkommt. Erst die achtziger Jahre sahen ein Wiederaufleben alter Traditionen. Diese standen unter gänzlich neuen Vorzeichen. In den Nachbarstaaten Japan, Korea, Taiwan, Hongkong und Singapur hatte ein beeindruckender wirtschaftlicher Aufschwung eingesetzt. Befördert von Staatslenkern wie dem greisen Präsidenten Lee Kuan-yew von Singapur wuchs der Glaube, dass ein konfuzianisch beeinflusster Kapitalismus die Erklärung für das asiatische Wirtschaftswunder sei. Lee lud sich Schüler von Mou Zongsan wie den in Harvard lehrenden Du Weiming (geb. 1940) als Berater ein, die man heute gerne als «Neukonfuzianer der dritten Generation» bezeichnet. In der Volksrepublik China begann man allmählich, an dieser Entwicklung partizipieren zu wollen. Buddhismus und Daoismus gerieten als Faktoren der philosophischen Neuorientierung ins Hintertreffen. Der Staat begann, aktiv das Studium konfuzianischen Gedankenguts zu fördern, auch um sogenannte «konfuzianische Kaufleute» auszubilden, Personen, die moralische Werte gelernt hatten und diese in der Unternehmensführung praktizierten. Paradoxerweise geht diese Aufwertung konfuzianischen Denkens mit einem Schwinden von dessen Bedeutung in den früheren Hochburgen auf Taiwan und in Hongkong einher. Dort ist es nicht gelungen, eine Nachfolgergeneration heranzuziehen, die das intellektuelle Leben in der globalisierten Postmoderne im selben Maße dominieren könnte wie in der Mitte des zwanzigsten Jahrhunderts Mou Zongsan und Qian Mu oder Xu Fuguan und Tang Junyi.

In der Volksrepublik China hat die Rückbesinnung auf den Neokonfuzianismus eine Vielzahl von Denkern hervorgebracht, die versuchen, in den Chor des philosophischen Konfuzianismus einzustimmen. Vermutlich ist es jedoch zu früh, Einzelne von ihnen herauszugreifen, die mit besonders überzeugenden philosophischen Konzepten hervorgetreten wären. Einer größeren Öffentlichkeit bekannt geworden sind Jiang Qing (geb. 1953) oder Zhao Tingyang (geb. 1959). Beide greifen in ihren Büchern auf Gedanken von Kang Youwei zurück. Wie Kang, so glaubt Jiang Qing in *Politischer Konfuzianismus* (*zhengzhi ruxue,* 2003), sich auf die *Frühlings- und Herbstannalen* stützen zu können, um einen dritten, chinesischen Weg zwischen sozialistischer Ideologie und liberaler Demokratie gehen zu können. Zhao Tingyang geht wie Kang vom *Liyun*-Kapitel im klassischen *Buch der Riten* aus und lehnt wie dieser die westliche Demokratie ab. In mehreren Büchern propagiert er das Konzept von «Allem unter dem Himmel» *(tianxia)* als Ideal einer großen Gemeinschaft, in der Menschen aller Rassen Platz haben. Von einem großen philosophischem Wurf sind beide Denker jedoch weit entfernt.

Ein immer stärker werdender Strom von Philosophieprofessoren in der Volksrepublik China scheint inzwischen zu der Überzeugung gelangt zu sein, dass Marxismus und Konfuzianismus einander nicht ausschließen, wie dies Xu Fuguan noch mit Verve vertreten hatte. Der an der Tsinghua Universität lehrende Gan Yang (geb. 1952) ist ein wichtiger Vertreter dieser Richtung. Leibniz ist ins Zentrum des Interesses dieser Denker gerückt, weil er sich in zahlreichen Briefen mit der jesuitischen

Chinamission ausgetauscht hat. Viele chinesische Spezialisten glauben, dass Leibniz' Monadenlehre vom *Yin*-und-*Yang*-Dualismus des *Buchs der Wandlungen* beeinflusst sei und so der deutsche Idealismus durch einen chinesischen Anstoß zumindest befördert, wenn nicht überhaupt begründet worden sei. Der Schritt von dieser Einsicht zu der Meinung, dass Hegels Dialektik ebenfalls mit alten chinesischen Mustern übereinstimmt und Marx deshalb als Schüler Hegels eigentlich viel chinesischer ist, als dies deutsche Spezialisten wahrhaben wollen, ist nicht groß. Natürlich muss ein solches Denken die tiefe Verwurzelung der deutschen Idealisten in der Philosophie des Abendlandes ausblenden, doch zeigt sie vielleicht eine Richtung auf, in die sich chinesisches Philosophieren in Zukunft entwickeln könnte: Mit der immer genaueren Übersetzung westlicher Philosophen ins Chinesische und damit der Möglichkeit zu einem weitaus profunderen Verständnis, als dies zum Beispiel Mou Zongsan von Kant erwerben konnte, könnte sich eine echte Verschmelzung östlicher und westlicher Perspektiven zu einer neuen Hauptströmung entwickeln.

Literaturhinweise

Auswahl von Übersetzungen chinesischer philosophischer Texte

Bary, William de: *Sources of Chinese Tradition*, 2 Bände, New York 1999

Chan, Wing-tsit: *Instructions for Practical Living and other Neo-Confucian Writings,* New York 1963

–: *A Source Book in Chinese Philosophy,* Princeton 1963

–: *Reflections on Things at Hand: the Neo-Confucian Anthology*, New York 1967

Debon, Günter: *Tao Te King*, Stuttgart 1961

Forke, Alfred: *Mê ti: des Sozialethikers und seiner Schüler philosophische Werke,* Berlin 1922

Hakeda, Yoshito S.: *The Awakening of Faith*, New York 1967

Kalinke, Viktor: *Zhuangzi: Der Gesamttext und Materialien = Zhuang zi*, Leipzig 2018

Köster, Hermann: Hsün-tzu, Siegburg 1967

Legge, James: *The Chinese Classics,* Vol. 1 (Lunyu, Daxue, Zhongyong), London 1877 (Erstauflage)

–: *The Chinese Classics (The Four Books:* Lunyu, Daxue, Zhongyong, Mencius), New York 1883

Mögling, Wilmar: *Die Kunst der Staatsführung: die Schriften des Meisters Han Fei*, Köln 2007

Moritz, Ralph: Gespräche, Frankfurt am Main 1982

Schilling, Dennis R.: *Yijing – Das Buch der Wandlungen*, Frankfurt am Main 2009

Schmidt-Glintzer, Helwig: *Mo Ti: Solidarität und allgemeine Menschenliebe. Gegen den Krieg*, Köln 1975

Schwarz, Ernst: *Daudedsching*, Leipzig 1970

Vogelsang, Kai: *Shangjun shu. Schriften des Fürsten von Shang*, Stuttgart 2017

Watson, Burton: *The complete works of Chuang Tzu,* New York 1968

Wilhelm, Richard: *Dschuang Dsi. Das wahre Buch vom südlichen Blütenland*, Jena 1912

–: *Liä Dsi. Das wahre Buch vom quellenden Urgrund. Tschung Hü Dschen Ging. Die Lehren der Philosophen Liä Yü Kou und Yang Dschu,* Jena 1911

–: *Mong Dsi: (Mong Ko)*, Jena 1921

–: *Gespräche: aus dem Chinesischen (= Lun yü)*, Jena 1910

–: *I Ging: Das Buch der Wandlungen*, Jena 1924

Sekundärliteratur

Angle, Stephen C. und Tiwald, Justin: *Neo-Confucianism. A Philosophical Introduction*, Cambridge 2017

Bauer, Wolfgang: *Geschichte der chinesischen Philosophie*, München 2001

Bo Mou: *History of Chinese Philosophy*, New York 2009

Bresciani, Umberto: *Reinventing Confucianism. The New Confucian Movement*, Taipei 2001

Chang, Carsun: *The Development of Neo-Confucian Thought*, London / New York 1958/1962

Cheng, Anne: *Histoire de la pensée chinoise*, Paris 1997

Ess, Hans van: *Der Konfuzianismus*, München, 2. Aufl. 2009

–: *Der Daoismus*, München 2011

Forke, Alfred: *Geschichte der alten, mittelalterlichen und neueren chinesischen Philosophie*, 3 Bände, Hamburg 1927, 1934 und 1938

Fung Yu-lan: *A History of Chinese Philosophy*, übers. von Derk Bodde, 2 Bände, Princeton 1952 und 1953.

Goldin, Paul: *The art of Chinese philosophy. Eight classical texts and how to read them*, Lawrenceville 2020

Graham, Angus C.: *Disputers of the Tao: Philosophical Argument in Ancient China*, Chicago 1993

Gregory, Peter: *Tsung-mi and the Sinification of Buddhism*, Princeton 1991

Hansen, Chad, *A Daoist Theory of Chinese Thought*, New York 1992

Hong, Handing: *Chinesische Philosophie. Eine Einführung*, übersetzt von Lutz Geldsetzer, Stuttgart 2008

Hsiao, Kung-chuan: *A History of Chinese Political Thought*, Volume One: *From the Beginnings to the Sixth Century A. D.*, übersetzt von F. W. Mote, Princeton 1979

Ivanhoe, Philip / van Norden, Brian: *Readings in Classical Chinese Philosophy*, Indianapolis, 2. Aufl. 2006

Kern, Iso: *Das Wichtigste im Leben. Wang Yangming (1472–1529) und seine Nachfolger über die «Verwirklichung des ursprünglichen Wissens»*, Basel 2010

Lee, Ming-huei: *Der Konfuzianismus im modernen China*, Leipzig 2001

Makeham, John: *Lost Soul: «Confucianism» in Contemporary Academic Discourse*, Cambridge 2008

Moritz, Ralf: *Die Philosophie im alten China*, Berlin 1990

Obert, Matthias: *Sinndeutung und Zeitlichkeit: Zur Hermeneutik des Huayan Buddhismus*, Hamburg 2000

Qian, Mu: *Xian Qin zhuzi xinian* 先秦諸子繫年 = *Chronological studies of the pre-Ts'in philosophers*, Hong Kong 1956

Schwartz, Benjamin I.: *The World of Thought in Ancient China*, Cambridge, MA. 1985

Van Norden, Bryan W.: *Introduction to Classical Chinese Philosophy*, Indianapolis 2011

Wagner, Rudolf G.: *The craft of a Chinese commentator: Wang Bi on the Laozi*, Albany, NY. 2000

Register

Umschrift, Aussprache und Übersetzungen

Ich habe die von der Volksrepublik China international durchgesetzte Hanyu-pinyin-Umschrift verwendet. Bei der Aussprache ist zu beachten:

«Ch» ist im Anlaut wie «tsch» und «zh» wie «dsch» zu sprechen. «J» ist «dj», «q» ist «tj», «r» das französische «j» in «Journalismus» oder «Jean», «x» entspricht dem deutschen «ch» in «ich» (oder aber «hs»). «Z» spreche man wie «ds».

Auslautendes «i» entspricht nach «c», «ch», «r», «s», «z» und «zh» einem auslautenden deutschen «e» wie in «Kante», ansonsten ist es ein «i». «A» ist im Auslaut vor «n» ein «ä», vor «ng» und auch sonst ebenso wie im Anlaut ein «a». «U» wird wie «u» gesprochen, wird nach «j», «q» oder «x» aber zu «ü». Auslautendes «o» entspricht weitgehend unserem Sprachgefühl, ein «o» vor «ng» ist jedoch eher ein stärker gerundetes «u»: *long* (Drache) spricht man «lung», nicht etwa «long».

Die auf den ersten Blick willkürliche Verwendung der Vokale und die hier und da eigenwillige Einsetzung von Konsonanten in der Pinyin-Umschrift ist für europäische Leser verwirrend, doch ein an sich sinnvoller Rückgriff auf ältere Umschriften hätte den Nachteil, dass chinesische Namen und Begriffe in der neueren Sekundärliteratur nicht wiedererkannt werden.

Sofern nicht anders vermerkt, stammen die Übersetzungen von mir. Selbstverständlich habe ich dabei frühere Übersetzungen zurate gezogen und in einzelnen Formulierungen auch verwendet.